区域国别研究丛书

国家复利式发展与中国发展优势

COUNTRIES' COMPOUNDING DEVELOPMENT AND CHINA'S COMPETITIVE EDGE

张东刚　主编

中国人民大学重阳金融研究院　著

当代中国出版社
Contemporary China Publishing House

图书在版编目(CIP)数据

国家复利式发展与中国发展优势 / 张东刚主编 ; 中国人民大学重阳金融研究院著 . -- 北京 : 当代中国出版社, 2024. 12. -- ISBN 978-7-5154-1433-1

Ⅰ . F124

中国国家版本馆 CIP 数据核字第 2024JP2013 号

出 版 人　蔡继辉
责任编辑　乔镜蜚　高元元
责任校对　贾云华　康　莹
印刷监制　刘艳平
封面设计　宋　涛　鲁　娟
出版发行　当代中国出版社
地　　址　北京市地安门西大街旌勇里 8 号
网　　址　http://www.ddzg.net
邮政编码　100009
编 辑 部　（010）66572744
市 场 部　（010）66572281　66572157
印　　刷　中国电影出版社印刷厂
开　　本　710 毫米 × 1000 毫米　1/16
印　　张　16 印张　1 插页　187 千字
版　　次　2024 年 12 月第 1 版
印　　次　2024 年 12 月第 1 次印刷
定　　价　88.00 元

序

党的二十大报告提出："高质量发展是全面建设社会主义现代化国家的首要任务。"推动高质量发展，是以习近平同志为核心的党中央在深入分析中国发展新的历史条件和阶段、全面认识和把握中国现代化建设实践历程以及各国现代化建设一般规律基础上作出的重大论断与重大决策部署。习近平总书记关于高质量发展的重要论述，系统回答了新时代新征程中国经济"怎么看、怎么干、干什么"等一系列重大理论和实践问题，进一步丰富和发展了习近平经济思想，既是对中国经济发展规律的深刻认识和高度总结，更是新时代做好经济工作的行动指南，我们必须深刻理解、准确把握、认真贯彻。

发展是解决中国一切问题的基础和关键，是党执政兴国的第一要务。坚持把高质量发展作为新时代的硬道理，体现了贯彻新发展理念的核心要求，也是新发展阶段推进中国式现代化的必然要求。2024 年以来，中国经济持续稳定恢复，运行态势回升向好，多组经济数据表现稳中有升，发展韧性持续彰显，高质量发展扎实推进。同时，宏观政策"组合拳"协同发力，新动能新优势不断培育，为中国经济的发展奠定了良好基础。这充分体现了中国经济发展的韧性与活力，折射了中国经济未来的光明前景。

2024 年 3 月，习近平主席在会见美国工商界和战略学术界代表时指出，“中国发展前景是光明的，我们有这个底气和信心”。推动高质量发展，最重要的是把中国自己的事做好，但我们也要警惕唱衰中国经济的话语陷阱。特别是近两年，一些西方政客和机构臆造“中国见顶论”，在国际舆论场上企图唱衰中国发展前景。这种论调过去从来没有实现过，现在和未来也注定不会实现。正如习近平总书记所说，中国经济过去没有因为“中国崩溃论”而崩溃，现在也不会因为“中国见顶论”而见顶。习近平总书记的重要论断为我们唱响中国经济光明论，为持续推动高质量发展，持续推进中国式现代化指明了前进方向。

中国人民大学是中国共产党创办的第一所新型正规大学。2022 年 4 月 25 日，习近平总书记在学校考察调研时指出：“要发挥哲学社会科学在融通中外文化、增进文明交流中的独特作用，传播中国声音、中国理论、中国思想。”中国人民大学始终牢记殷殷嘱托，在深化国际交流合作方面走在前、当先锋，积极搭建文明互鉴学术平台，举办首届“通州·全球发展论坛”、“一带一路”国际研讨会、中欧文明论坛等国际活动，出版多部多语言的国际化学术著作，加强学术研究成果的对外传播，持续凝聚全球发展共识、激发全球发展信心、汇聚全球发展力量。

中国人民大学重阳金融研究院是中国人民大学重点打造的中国特色新型智库平台，近些年发布了多份极具影响力的研究报告，在国内外具有较高认可度，为传播中国声音、提升中国形象、增进各国之间的人文交流发挥了重要作用。本书初稿成于 2024 年 3 月 31 日重阳金融研究院与与俄罗斯、美国、加拿大、印度四国智库联合发布的《大国复利：中国高质量发展与 2035 年趋势畅想》研究报告，报告发布会邀请到多位中外嘉宾到场研讨，在相互交流和启发中迸发出更多的灵感与智慧，引起国内外媒体的广泛关注。

探讨中国高质量发展须致力于精准研判形势，既要看当前之“形”，也要察长远之“势”，深入研讨制约高质量发展的卡点瓶颈和短板弱项，在应对好时代挑战、回答好时代命题中推进中国式现代化建设；致力于加强理论阐释，根据中国经济内在规律和内生驱动力，深入研究高质量发展的丰富内涵、核心要义和战略基点，深刻阐明中国经济发展理念、发展经验、发展道路；致力于积极超前施策，明晰推动经济高质量发展的关键路径，努力为中国高质量发展提供更多切实有效的创新之举、务实之策，为构建人类命运共同体与世界更美好的未来贡献智慧与力量。

中国人民大学党委书记
张东刚
2024 年 8 月

前　言

这是一本讨论国家发展的作品。正如诺贝尔经济学奖得主罗伯特·卢卡斯所说："人们一旦开始思考经济增长这个问题，就再也不会去想其他事情。"毫无疑问，中国在过去的经济发展中取得了举世瞩目的成就。因此，我们想结合中国过去数十年的发展经历，试图帮助更多人理解一个典型现代化工业国家的发展历程与发展动力。

国家发展需要什么？

国家发展首先需要考虑积累性与增长性。国家在前一期的积累会在下一期带来更多回报。在农作物耕种时，每年留下更多的种子才能在来年收获更多的粮食；在银行办理存款业务后，银行会连本带利自动进行本息转存；在购买理财产品时，人们往往会选择红利再投资的形式。每次看似小的积累经年累月就会成为巨大的回报，古典经济学认为，储蓄能够促进国家经济增长，其原因正在于此。

当然，积累性与增长性这两个特征还远不足以代表现代国家发展的全貌。与公司类似，现代国家近乎可以看作一个永续存在的"超级法人"，因此，国家发展也需要关注其长期性。更进一步来看，对于绝大多数处于工业社会中的现代化国家来说，生产方式已经从农耕、纺织等相对单一的经济活动转向包罗万象的工业生产与商业活动，这样一来，国家发展又必须具有综合性与创新性。工业化创造了巨大的物质财富，但同时也对自然产生了巨大的破坏，迫于这种现实压力，聪明智慧的人们开始越来越关注国家发展的可持续性。

至此，我们提出国家发展呈现六个方面的特征：积累性、增长性、长期性、综合性、创新性、可持续性，未来还会具备更多发展特征。显然，这些特征与金融的复利概念的特征相近。在本书中，我们将这些特征统称为国家复利式发展特征，具有这些发展特征的国家，我们称之为正在进行“国家复利式发展”。通过对历史上的各时间节点观察发现，只有极少数国家能够将各项特征演绎得淋漓尽致，而这些极少数也成了同期国家中的佼佼者，人们形容它们为“国家崛起”。

在本书中，我们将用六个章节阐述以下核心观点：

一是要用足够的耐心与定力看待国家发展。这是本书一以贯之的中心观点。“别高估短期，别低估长期”，这句经典论述的出处已无从考证，却在世界范围内被反复引用。遗憾的是，尽管人们都知道自己不应该短视，但无论在工作还是生活中，实际情况往往是“坚持真理，比发现真理更难”，对于极度复杂的国家发展来说就更是如此了。罗马不是一天建成的，无论从哪个片段切入观察崛起中的国家，都难以想象其能达到的发展速度与其最终的宏伟结果。对于完成工业革命的现代国家来说，这一点就更加突出了。“二战”结束以后，西北欧地区、亚洲四小龙、中国等区域与国家都经历过超高速的阶段性发展，回头再看，用不了几十年，这些国家早已不再是曾经的“吴下阿蒙”。

二是经济大国更容易在现代工业与信息混合经济中取得优势。在本书的第一章与第二章，我们分别用规范分析与案例分析为读者总结经济发展大国的优势。经济大国发展更加稳定，并且能够通过引领创新表现出“强者恒强”的势头。从 1995 年美国财经杂志《财富》评选全球 500 强企业至今，几乎历年在榜企业有超过 60% 来自全球前三的经济大国，并越来越多出现在人口大国和土地面积大国中。在创新上，以美国为例，尽管领衔道琼斯工业指数的企业从 20 世纪 50 年代时的汽车、石油、钢铁企业变成了现在的英伟达、苹果等科技巨头公司，但不变的是，迄今为止美国仍是世界上经济与科技实力最强大的国家之一，新兴行业中的优秀企业仍然大量诞生在美国境内，这为美国整体保持了领先的竞争优势。

三是中国发展呈现显著的国家复利式发展特征并取得了巨大发展成果。在本书的第三章与第四章，我们以中国发展的优势、成果与经验为案例详细剖析了国家如何实现复利式发展。新中国用 75 年的发展完成了名副其实的国家崛起。特别是在 1978 年改革开放以后，中国经济发展更是突飞猛进，2023 年中国人均国民实际收入比 1978 年提高 31 倍。近些年来，中国先后斩获世界“第一工业大国”“世界第一网络大国”等名号，创造了世界公认的“中国奇迹”。党的二十大已经确立全面建成社会主义现代化强国目标，展望未来，中国将持续实现更大规模、更高质量的国家复利式发展。特别是在民生领域，中国将持续为中国人民、世界人民创造更加美好的生活环境与体验。

四是中国必须通过进一步全面深化改革开放保持经济持续增长。在本书的第五章，我们强调了进一步全面深化改革、进行高质量对外开放的重要性。改革开放以来，中国取得的经济发展成就举世瞩目，在这期间中国积累了巨大的社会财富，但同时也积累了不少对经济发展不利的问题。一方面，在一些特定阶段确立的阶段性政策有些已经不再适用；另一方面，由于信息阻塞、外部干扰、少数形式主义与官僚主义作风等问题，党中央最新明确的大政方针安排部署尚未完全落实，制约了中国经济潜力的充分释放。这在新冠疫情产生“疤痕效应”后更加突出，必须予以疏通，只有进一步全面深化改革开放才能够确保中国式现代化目标如期实现。

五是中国的经济社会发展前景比以往任何时候更加光明。在本书的第六章，我们尝试对 2035 年的中国作出畅想。2024 年恰逢新中国成立 75 周年，中国已经在受教育群体、科学技术、民生保障等方面形成优势，从一个一穷二白的国家发展成为世界第二大经济体。正如《中共中央关于党的百年奋斗重大成就和历史经验的决议》中所说，“今天，我们比历史上任何时期都更接近、更有信心和能力实现中华民族伟大复兴的目标”。我们希望大家能够保持信心、保持初心，持续奋斗，彼此理解、互相支撑，共迎中华民族更加灿烂美好的明天。

2023 年下半年以来，国际社会对中国经济未来前景的讨论变得多了起来，2024 年 9 月，中央政治局会议简明扼要地提出“当前经济运行出现一些新的情况和问题。要全面客观冷静看待当前经济形势，正视困难、坚定信心，切实增强做好经济工作的责任感和紧迫感。”这促使我们下决心写好这样一本讨论国家发展的书。借此机会，我们希望国际社会能对中国经济前景以及全球经济发展开展新一轮大讨论。当前，世界上能算得上居住在发达国家的居民有 10 亿人，世界上至少仍有 7 亿人食不果腹、7 亿多人用不上电、30 亿人仍未接入互联网。地球上的资源足够让所有人都过上体面的生活，先发展起来的工业国家有责任为相对不发达地区提供物质与发展方案上的帮助。

在本书的撰写过程中，我们受到了中国人民大学许多同事以及业内外同仁的鼎力支持，我们也在网络上持续关注国内外对当前中国经济社会发展的讨论，以及对我们以往作品的意见建议，在此我们想向大家一并表示感谢。我们的作品能够给予大家哪怕一点点知识上的增量，激发大家进行更多的思考，也就算不辜负我们的写作努力。

目 录

第一章

国家发展与复利

复利（compound interest）是什么？翻开大部分金融学课木，我们都能看到类似的定义，“复利是将上期本金一并计算利息的一种方法”[①]“第1期本金产生的利息会加总在原来的本金上，以此为新的本金计算第2期的利息”[②]。可见，复利在最初的意义上，关注的是量的积累性与增长性。

国家发展与复利具有不可分割的联系，国家发展呈现明显的复利式发展特征。据推测，最晚从学会畜牧农耕开始，聪明的人类就关注到了复利现象。在约5000年前的两河流域，当地早期文字记录了复利被广泛运用在生产计划、税收计划与货币借贷关系中的情况。在1000年前的商人阶层萌芽时期，在大量商业计算需求下，人们发明了精确的复利数学计算方法。国家的出现和发展与上述复杂活动有一定的相关性。工业革命后，国家复利式发展的特征就不再仅体现为积累性与增长性，也表现出国家持续存在的长期性、由技术进步所带来的创新性、各领域相互关系和内在联系的综合性，以及以保护环境为核心的可持续性。尽管在政治、文化等领域都可以展现国家复利式发展，但在本书中我们基于唯物史观视角，更加关注以生产方式、经济规模、技术创新为表征的经济层面，认为经济领域的演变逐渐向政治、教育、民生、文化等领域扩散，进而形成国家复利式发展的方方面面。

时至今日，大国更容易显现国家复利式发展的特征。人类生产方式发展已经进入由超高进入成本以及规模报酬递增主导的工业信息经济时代[③]，

① 黄达、张杰：《金融学》（第5版），中国人民大学出版社2020年版，第562页。

② ［美］阿瑟·J. 基翁等：《金融学原理》（第8版），刚健华译，中国人民大学出版社2018年版，第157页。

③ 参见［美］拉尔夫·戈莫里、威廉·鲍莫尔：《全球贸易冲突和国家利益冲突》，文爽、乔羽译，中信出版集团2018年版，第7-12页。

并已经呈现向智能化迈进的趋势。在生产端，大国更容易形成具备规模制造优势且种类相对齐全的规模工业，也更容易激发信息化与智能化发挥“乘数效应”；在消费端，大国内部的庞大市场一旦被政策引导并被消费激活，该市场就能以令人难以置信的速度完成这些生产的市场循环，反过来进一步刺激大国以更大的规模完成生产并强化规模制造优势[①]。这种经济优势使得大国内部政治往往更加稳定。这样一来，与中小型国家相比，大国发展更加具有收益稳定性、长期积累性和可持续性。正如全世界所看到的那样，新中国用过去 75 年的发展，实现“无危机崛起”[②]，已经积累下超大规模、高水准、能在未来持续产生复利的社会财富，已经成为一个能够不断进行复利式发展并向全世界提供发展机遇的国家。中国的发展无疑是近些年来全球最鲜活、最具发展势头的国家复利式发展案例。

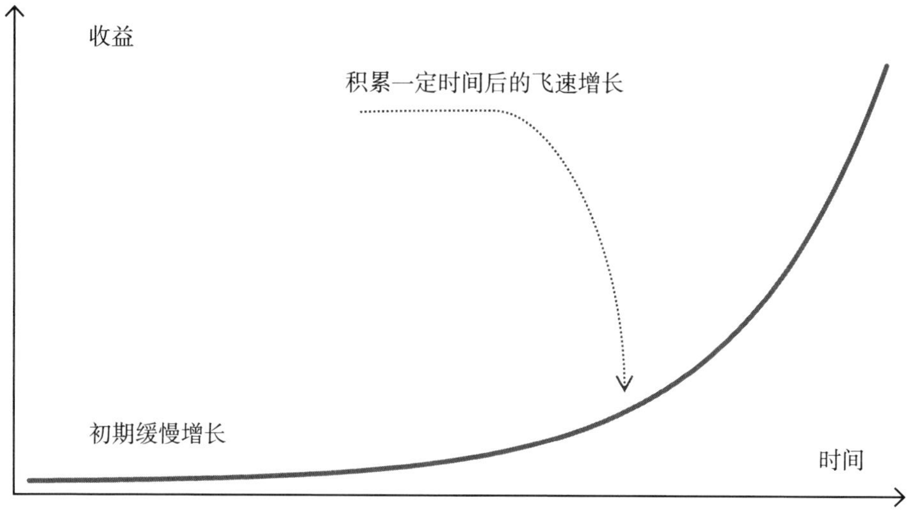

图 1–1　令人注目的“复利增长”现象

① 参见文一:《伟大的中国工业革命:“发展政治经济学”一般原理批判纲要》, 清华大学出版社 2016 年版, 第 44-53 页。

② 参见王文、刘锦涛:《扎实推动金融业行稳致远》, 载《前线》2024 年第 3 期。

（一）国家与复利的故事

回顾历史，国家与复利之间的故事数不胜数，其中不乏经典且精彩的内容。目前人类有文字记录第一次明确使用“复利”或意思相近的词汇，可以追溯到一个古老的国家——4000 年前的古巴比伦王朝。研究人员发现，在阿卡德语中早就有 şibāt şibtim 一词，意思是“利息的利息”[①]。在中国古代，以复利计息、收息被称为“回本为利”[②]。尽管在隋唐时期才有对这个词的明确使用[③]，但由于在春秋战国时期的借贷活动已经非常广泛[④]，加之《周礼》并不排斥借贷取息[⑤]，可以进行推测，早在春秋战国时期，按照复利计息的借贷活动就已经出现了。我们在金融学中看到的复利更偏向于关注单一维度数量的增长变化结果，如股票价格的增长，这也显示了复利最重要的两个特征，即积累性与增长性。

1. 国王许诺的复利

关于复利的特性，我们从一个大家耳熟能详的“舍罕王赏麦”故事说起[⑥]。据传，古印度的舍罕王准备给发明国际象棋的西萨·班·达依尔奖励。于是这位发明人西萨请求，在他发明的 64 格子国际象棋棋盘的第一个格子

---

① See Kazou MUROI , *The Oldest Example of Compound Interest in Sumer: Seventh Power of Four-Thirds* . arxiv.org (Apr.16 ,2024),https://arxiv.org/abs/1510.00330.

② 参见霍存福：《论中国古代契约与国家法的关系——以唐代法律与借贷契约的关系为中心》，载《当代法学》2005 年第 1 期。

③ 参见唐《杂令》中记载：“诸公私以财物出举者，任依私契，官不为理。每月取利不得过六分，积日虽多，不得过一倍……又不得回利为本。”

④ 参见姚遂主编：《中国金融史》，高等教育出版社 2015 年版，第 1-2 页。

⑤ 参见姚遂主编：《中国金融史》，高等教育出版社 2015 年版，第 14-18 页。

⑥ 中文语境中大多将这个故事中谷物看作“赏麦”，但实际既有可能是小麦、大麦，也有可能是大米，故本文中模糊写为谷物。在《环球知识与娱乐杂志》(1797) 记录的故事版本中，相关作物为玉米。但从印度当地的气候以及当时的种植业发展情况看，玉米是最不可能成为舍罕王赏赐西萨的作物。

中放入一粒谷粒，之后每个格子里的谷粒数都是上一个格子谷粒数的两倍并以此类推，最终棋盘上所有的谷粒作为奖励。国王心想这有何难？于是答应了请求。结果国王很快发现，王国内粮仓中的粮食远远无法满足这样的要求[①]。

现在我们知道，这是一个等比数列的无穷级数计算，如果真的装满 64 个格子，全部谷粒的数量将达到 1844 亿亿粒（如图 1-2）。如果保守按照 50 粒小麦为 1 克进行估计，这些谷物的重量为 3644 亿吨，而 2023 年全球小麦、大米、玉米三种主粮的产量也不过 25 亿吨，需要 146 年才能够攒齐西萨所要求的粮食。如果按 500 美元 / 吨折价计算，3644 亿吨粮食大约折合今天的 182 万亿美元，2023 年福布斯排行榜上排位第一富豪的 3000 亿美元净资产在这个数字面前无疑是小巫见大巫。

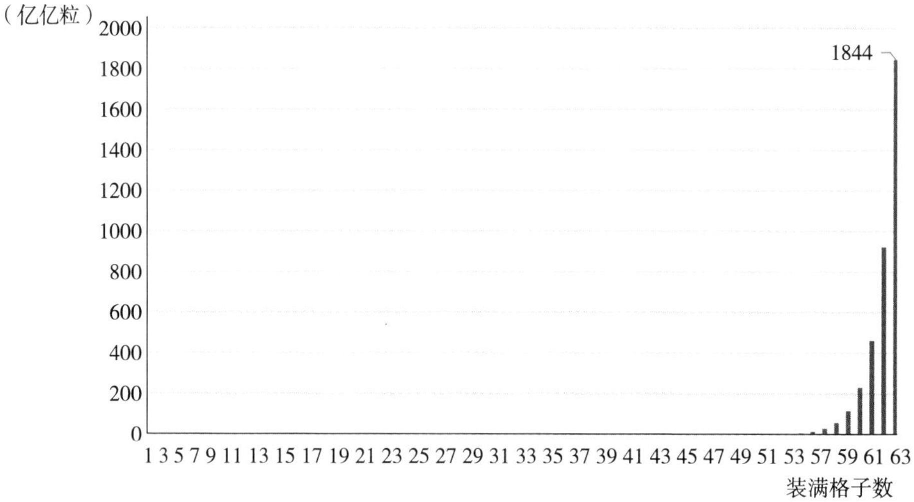

图 1-2 “舍罕王赏麦”装满不同数量格子需要的谷粒数量

① See BENT W.,*Origin of the Game of Chess*,The Universal Magazine of Knowledge and Pleasure400(1797).

尽管无法考证真假，但这则简短的故事仍精准地阐释了复利的内在特征：积累性与增长性。从一个看起来并不起眼的值开始，哪怕只是按照一个简单的规则增长下去，在每一期不断地增加，经过一定周期后，每期的增量与最后的累积值也将变成一个天文数字。

2. 人类发现与使用复利

人们为什么会关注复利呢？这显然和人类赖以谋生的生产活动有关。在地球环境演化的过程中，出现了能够不断自我“复制”“繁殖”的生物物种，像花果树木等，这些物种本身在自然环境下长期遵循类似复利式增长模式。如果不是长期采集这些初始的自然资源，我们的先祖们是根本无法生存的。当人类掌握了畜牧和农耕技术并长期从事这两项活动后，要使用复利计算的场景就更多了起来。进而，当社会财富足够丰富，能够使得一部分人的目标超过了维持生存与繁殖时，“经济”一词也就正式出现了[①]。在这里，我们已经能够隐约感受到复利与国家经济发展之间的密切联系。

目前已经发现的对复利思想描述的最早文字证据，可以追溯到公元前2400年左右的美索不达米亚平原。在一块被认为是官方记录的菠萝型的泥制陶器——恩美铁那（Enmetena）锥体上，用苏美尔文字记录了城邦国家乌玛（Umma）与另一个城邦国家拉格什（Lagash）之间长达两代人的敌对、战争与“战争赔款”问题。在拉格什的恩美铁那赢得了阶段性的战争胜利后，陶器上写道，“乌玛的首领在早年借入了1古鲁产自纳西和宁吉尔苏的大麦。这笔贷款的本息累计达到864万古鲁[②]”。人们不禁疑惑，1古鲁大麦

① 在西方，据称“经济”出自古希腊oikonomia一词，直译为家庭事务管理，这符合当时西方奴隶社会发展后社会中部分人群出现消费剩余的时代背景。

② ［美］威廉·N. 戈兹曼、K. 哥特·罗文霍斯特：《价值起源》（修订版），王宇、王文玉译，北方联合出版传媒（集团）股份有限公司；万卷出版公司2010年版，第31页。

借贷怎么变为 864 万古鲁？显然，拉格什人使用了复利计算，1 古鲁大麦要不断反复地耕种并不断产生复利，才能实现这样的数字效果。

在稍晚些的公元前 2100 年，一块来自德莱海姆（Drehem）的泥板，被认为记录了一份畜牧业计划书，上面记录了奶牛和奶酪在 10 年间的数量增长计划。“每年，每头母牛都会产下一头小牛，而雌性的小牛也会在接下来的每年中产下小牛，最初的一对牛就这样增长为一大群牛[①]”。在苏美尔语中，用于表示利息的词汇是 mash，原意为小羊羔、小牛犊，这显然并非巧合。据科学史学家奥托·钮介堡对柏林博物馆一块巴比伦时代的匾额上的文字的研究，上面提出的问题是：如果一单位白银以每五年翻一番的方式长期投资，经过多少时间其价值变成原来的 64 倍[②]。可见，复利的来源正是人们在生产生活中所遇到的日常现象，自然渊源中的复利现象强调复利的积累性与增长性。

3. 复利思维刺激国家商业发展

尽管复利的思想有着相当长久的历史，但现存有文字记录的、真正对复利进行精准计算的数学方法，是由著名的意大利数学家斐波那契完成的[③]。在其《算经》当中，他通过解释一个无穷级数问题奠定了用阿拉伯数字进行明确、便利计算复利的基础。[④]几乎是在同一时期，中国南宋数学家

---

① ［美］威廉·N. 戈兹曼：《千年金融史》，张亚光、熊金武译，中信出版集团 2017 年版，第 18-20 页。

② 参见［美］威廉·N. 戈兹曼、K. 哥特·罗文霍斯特：《价值起源》（修订版），王宇、王文玉译，北方联合出版传媒（集团）股份有限公司；万卷出版公司 2010 年版，第 7 页。

③ See Lewin C. G., *The Emergence of Compound Interest*. 24 British Actuarial Journal 34 (2019).

④ 参见［美］威廉·N. 戈兹曼、K. 哥特·罗文霍斯特：《价值起源》（修订版），王宇、王文玉译，北方联合出版传媒（集团）股份有限公司；万卷出版公司 2010 年版，第 127-150 页。

杨辉 1261 年所著的《详解九章算法》中介绍了杨辉三角[①]，也许是随着商业活动不断活跃大幅促进了复利计算的发展，在斐波那契的《算经》之后，有关复利计算及其商业应用便一发不可收拾，但令人扼腕的是，威尼斯城邦并没有因为本国人斐波那契的天才抽象计算能力而斩获地中海贸易优势，宋朝时期的中国也没有因为杨辉更加清晰的数学表达敲开国际贸易的大门。

回到我们刚才国际象棋与谷粒的小故事中，从数学计算的角度我们可以问，从什么时候开始，每期的增量就变成了舍罕王难以想象的天文数字了呢？当装满第 50 个格子时，尚且仅需要 2000 万吨小麦，也许以舍罕王的实力尚能负担，但在这之后的每一个格子，需要偿付的小麦数量都变成了一个舍罕王无法想象的天值。有研究以当代典型的金融产品年化投资回报率作案例，认为到第 15 期的时候，增量会产生质变[②]。也就是说，要看得见令人震惊的明显的回报，需要等待相当漫长的时间，这也提示了我们耐心与等待的重要性。

4. 当代国家商业发展中的复利观

近代以来，不止一位投资大师强调过复利思想在国家商业发展与金融投资活动中的重要作用。为了表达复利的重要性，人们甚至还将自然科学与金融复利结合起来，例如有人说爱因斯坦称“复利是世界第八大奇迹”“世界上最厉害的武器不是原子弹，而是‘时间 + 复利’”。事实上，到目前为止，没有明确的记录显示爱因斯坦说过类似的话，但这并不妨碍有着盈利冲动的投资者将他们的复利信仰同这位传奇科学家结合起来。

---

① 一般认为，杨辉三角是比斐波那契数列更能够体现数学思想内涵的一种表达方式，而西方世界再次作出像杨辉类似的数学表达还要再等待 400 年。

② 参见尹文强、芮萌：《复利的力量》，载中欧国际工商学院网站 2019 年 5 月 22 日，https://cn.ceibs.edu/new-papers-columns/16412。

沃伦·巴菲特无疑是投资大师中推崇复利思想的佼佼者，甚至可以称得上是全球公认的金融投资大师。在其执掌下，1976—2023年，伯克希尔·哈撒韦公司股票复合年化收益率达到18%，不仅远超同期标普500指数7%的年化收益率，也超过包括新兴市场经济体在内的全球绝大部分股票市场的投资回报率。在其金融投资活动中，巴菲特非常重视复利思想的应用，在他授权写作的《滚雪球：巴菲特和他的财富人生》中，描述了巴菲特的长坡厚雪理论，人生就像滚雪球，最重要的是找到很湿的雪和长长的坡。对于巴菲特来说，很湿的雪，可以隐喻为选择正确的投资“赛道”，投资于正确的公司与行业；而长长的坡，隐喻为耐心等待事物发展。在一场交流对话中，他说：“为什么我不担心别人学走我的模式呢？他们学不走。那是因为他们急功近利，缺乏持之以恒的精神。即使他们非常认同我的理念，但是他们没有耐心，等不及复利在较长时间里所展现出来的魔力[①]。”

尽管巴菲特是在金融与商业领域向我们展示他心目中的复利思想，但更值得我们关注的是其中的思想内核，那就是，巴菲特关注的是复利的积累性、长期性与持续性。

（二）国家复利式发展的特征

恩格斯在《家庭、私有制和国家的起源》中有一段反复被引用的经典论述，“根据唯物主义观点，历史中的决定性因素，归根结底是直接生活的生产和再生产。但是，生产本身又有两种。一方面是生活资料即食物、衣服、住房以及为此所必需的工具的生产；另一方面是人自身的生产，即种

① 陈九霖：《股神巴菲特的复利之道》，载《董事会》2020年第6期。

的繁衍[①]”。在这段论述中，我们已经可以清晰地看到复利与国家发展之间的紧密联系。在金融学中，复利被抽象成了纯粹的货币数量的增长。但在考察国家复利式发展时，除了要关注其积累性与增长性，还需要注重国家复利式发展的综合性、创新性与长期性、可持续性。至此，我们提出国家复利式发展六个方面的特征：积累性、增长性、长期性、综合性、创新性、可持续性，未来还会具备更多发展特征。

1. 积累性与增长性

“想象有一个外星球观察者，每隔半个世纪就被秘密派往地球，调查人类在地球上的生活状况[②]。”外星球观察者不禁要问，人类社会为什么能够超脱地球上其他的生物，形成令人瞩目的文明和国家？或许我们可以进行一个与复利有关的简单解释。首先，人类有一个足够聪明的大脑，并且进化出了一个良好的发声器官[③]。足够聪明的大脑允许我们能够使用与制作工具，良好发声器官能让我们将技能与知识一代又一代地积累下去，这种技能与知识的积累越来越多，直到在跨越某个临界点后，人们开始有了超出生存需求的相对生产剩余，出现了物质财富的积累。正因如此，麦迪森教授断言，“收入改善的根本原因在于技术的积累”[④]。人类创建了以丰富物质财富为基础的文明，而国家复利式发展，本质上仍是一个国家和社会演化

---

① ［德］恩格斯：《家庭、私有制和国家的起源》，中共中央马克思恩格斯列宁斯大林著作编译局译，人民出版社 2018 年版，第 4 页。

② Gavin F. J.,*The World's Biggest Crisis Is the End of Scarcity*,Foreign Policy, https://foreign policy.com/2024/03/16/end-of-scarcity-crisis-growth-war/.

③ 参见［英］罗宾·邓巴：《人类的算法》，胡正飞译，四川人民出版社 2019 年版，第 139-147 页。

④ ［英］安格斯·麦迪森：《世界经济千年史》，伍晓鹰等译，北京大学出版社 2022 年版，第 7 页。

与发展的问题。

与金融学类似，国家复利式发展的核心主要也在于积累与增长。亚当·斯密认为，生产资料的积累与分工劳动，是增加国民财富的最重要的两个原因[①]。在日常也能够很明显地感受到，我们所讨论的国家与社会发展，正是通过一代又一代人、一个行业又一个行业、一批又一批物质精神财富的积累而完成的，从科学技术、工人能力、居民素养，到工业厂房、基础设施，无论哪一方面都离不开积累与增长。正如亚当·斯密在工业革命隆隆启动之时的观察一样，在至少相当宽泛的约束条件下，经济存量（往往被称作资本存量）越高的国家，财富积累的速度就越快，而在这一期形成的新资本存量又作为下一期的投入形成复利式增长。譬如，在英国工业革命的准备阶段，家庭纺织作坊的启动成本很低[②]，通过一段时间的辛勤劳动，织布机极有可能很快增加至五台甚至十台，在有足够劳动力的情况下，产量就可以提升 5—10 倍，每期以此类推。这是显而易见的资本存量增加带来的复利式增长的结果。

2. 综合性与创新性

积累性与增长性强调量的提升，但国家发展更需要考虑国家综合发展水平，以及以生产资料、生产方式创新为代表的经济质的突破。也就是说，不仅要考虑经济发展，还要关注国家在政治、社会、文化、教育等多个维度所呈现出的综合复利式发展特征。尤其是在工业革命以后，更广泛重视技术迭代升级等为国家发展带来的持续不断的创新可能性。同样是汽车，

---

① 转引自［英］伊恩·戈尔丁：《发展》，史正永、赵后振译，译林出版社 2022 年版，第 16 页。

② 参见［美］拉尔夫·戈莫里、威廉·鲍莫尔：《全球贸易冲突和国家利益冲突》，文爽、乔羽译，中信出版集团 2018 年版，第 18 页。

100 多年前的福特 T 型车与今天先进的汽车差异巨大，最初的火车速度还不如马车，而现在中国高铁计划的商业运行速度将达到 400 公里 / 小时。此外，我们认为，国家发展过程中存在的“涌现效应”，使国家复利式发展的综合性与创新性之间有密不可分的联系。

有关综合性，我们不难得出经验结论：通常而言，人们认知中的发达国家，应当是在经济、科技、文化、教育、体育等领域全方位领先的。正因如此，世界上有很多高收入国家并未被国际社会视为发达国家，而一些国家虽然人均 GDP 水平与高收入国家相差甚远，却被认为是不可忽视的强国。在考察经济发展时，我们不能仅看国内生产总值（GDP）水平，而是要注重综合考察多维度、多层面的经济表现。GDP 虽然是一个让人更容易理解、最简明易懂的国家发展衡量指标，但是要衡量经济发展状况，GDP 并非全部。

有关创新性，在工业革命后的今天，一年新增的商品种类数不胜数，先进的芯片一年甚至几个月就会渐渐落后，科学技术改进与更新变得“越来越快”，哪怕是经济复利也呈现出与工业革命前完全不同的表现方式。是什么可能的原因造成了这样的结果？

一是代表创新的科学、技术与工程领域自身存在复利式发展，表现为不同程度的知识量变积累引发质变。特别是进入工业社会后，制造业发展要求相关技术不断更迭替代，不仅强调“资本的积累”带来的产量提升（如同样的纺织机从一台增加至十台再至百台甚至千台），更强调“技术跃进”带来的产量乃至产品性能提升（如持续创新诞生生产效率更高的新型纺织机）。

二是社会发展是复杂综合体，存在大量事先难以预测的“涌现效应”

并形成预期外的创新。“涌现效应”原指当大量个体聚集在一起，个体之间相互作用，从而使得整体拥有了和个体完全不同的新属性、规律或模式的一种现象。人们常用一只蚂蚁与蚁群，一只蜜蜂与蜂群描述自然界中的“涌现效应”，但这些行为更多是近似机械性的、无目的性的。而在人类社会中，“涌现效应”被注入了个人对自身以外的认识、预期与目的。亚当·斯密所述的“看不见的手”，即两个人各自为了自己的私利而行动，却达到了超过两个人预期的有利结果，这也可以被视为一种“涌现效应”。例如，有观点认为，大名鼎鼎的史蒂夫·乔布斯领导的苹果公司是伟大的方案整合商，优秀的技术整合与纯科技领域创新同样伟大[①]。而能形成这种组合，本身就可以看作是“涌现效应”的体现，在复杂的社会中，常常出现大部分人难以预料的设计、制造、流通模式创新，其原因可能正在于此。

3. 长期性与可持续性

随着人类社会发展由贫乏社会进入“富足社会”[②]，各方开始更加关注发展过程中可能遭遇的其他方面的约束，强调发展的长期性与可持续性。其实人们开始重视并具备长期的科学计划与规划能力的时间并不长，直到18世纪后期，大部分商业合伙合同还都约定了解散期限[③]，而不是我们现在习以为常的“永续公司”，更别提科学的超长期国家发展规划[④]。

---

① 参见罗振宇、罗永浩：《长谈》，载腾讯网2017年4月8日，https://v.qq.com/x/page/s0391ddictq.html。

② See Gavin F. J., *The World's Biggest Crisis Is the End of Scarcity* , Foreign Policy, https://foreignpolicy.com/2024/03/16/end-of-scarcity-crisis-growth-war/.

③ 当时的商业计划多为跨国航海贸易与掠夺的商业计划。作为延续与证据，现代合伙公司依然有“合伙期限”一项。

④ 在以土地所有权为基础的封建时代，国王、皇帝、君王们虽然计划传“万世基业”，但并非综合考虑环境与社会发展的科学的计划，而更多的是为了维护子孙长期统治的“一厢情愿”。

以人与自然环境关系为例，尽管古今中外都有“不涸泽而渔，不焚林而猎”的朴素的可持续发展认识，但在工业化发展到一定程度之前，人们往往并不重视某项经济活动的长期性与可持续性。隋唐时期，都城长安（今西安—咸阳一带）因大兴土木建设宫殿，出现了对林业资源的破坏性开发使用，这被认为是导致该区域宜居性显著变差的直接原因[①]。1952 年英国发生“伦敦烟雾事件”，5 天内整个城市完全笼罩在暗无天日的烟雾、雾霾之下，据保守估计，至少有 4000 人因这次事件死亡[②]。现在，人们开始对未来、为后代进行几十年后的长远的规划，出现了如中国 2030 年前碳达峰、2060 年前碳中和的目标，这已不再是简单的“空想”“虚张声势”，而是真正成为国家复利式发展的一部分。只有人们对自然现象的认识增加、获取自然资源的方式增多，人们才能更好地做好计划与方案，才能够使得国家复利式发展得以长久、可持续地实现。

未来，可持续发展不仅应关注环境承载能力的可持续性，更应关注社会关系的可持续性，如果发展反而造成社会关系的不友好、冲突甚至对抗，这显然是社会发展出现不可持续苗头的表征，如果社会发展不可持续，国家复利式发展同样难以长久、可持续地实现。

4. 国家复利式发展存在积累期与跃升期

正如我们在图 1-1 和图 1-2 中所见，在进行复利的数学计算时，在一定时期内的每期增量看起来并没有多少，但在越过某个节点后，每期的增量就出现明显跃升。与之相类似，国家复利式发展也存在积累—跃升特征。

---

① 参见崔玲、周若祁:《建筑与环境——唐长安大明宫、兴庆宫建设对森林破坏的定量化研究》，载《建筑学报》2009 年第 3 期。

② See Met Office, *The Great Smog of 1952,* met office, https://www.met office.gov.uk/weather/learn-about/weather/case-studies/great-smog.

但与之不同的是，国家复利式发展的跃升更像是“创新性”“结构性”的，并非纯粹数量上的“暴涨”。正如人类社会在采集社会积累了数万年，跃升进入农业社会；又在农业社会积累了数千年，跃升进入了工业社会。在工业社会中，只有在前期进行了大量的基础设施投入之后，每年新增的产出水平才得以维持在高位。一种生产方式的长期积累为出现新的生产方式提供了机会，一个经济部门的长期积累为另一个部门的发展提供了机会，这也是工业化国家取得复利式发展的秘诀。

在数字化产业之前，对工业时代经济增长进行过最具体总结与描述的可能是罗斯托。他认为，在工业社会下，国家的经济发展经历“为起飞创造前提条件”“起飞”“成熟”“高额群众消费”四个阶段[①]。尽管在不同的经济阶段，社会中的重要经济活动是完全不同、差异巨大的，但这些阶段又是一脉相承、具有强烈的因果关系的。在罗斯托所述的“起飞”和“成熟”阶段，如道路铁路等基础设施、工厂、房子在建筑过程中需要用 1—5 年建好，这是当期的经济活动，但其形成的经济成果却可以使用 5 年、10 年、20 年、30 年、70 年甚至百年[②]，这也成为后续其他经济行为如“消费”“使用”的基础。我们可以看到，正是由于前期已经具备了这些丰富的基础，才有了后一个阶段“消费的跃升”。同时，在前一个阶段形成的规模积累达到一定程度后，就不需要那么多前一阶段的经济成果了。例如，尽管美国已经有很多年没有进行大规模的铁路修建活动，但是美国的铁路里程长度

---

① 参见厉以宁：《罗斯托起飞学说的评论》，载《北京大学学报》（哲学社会科学版）1984 年第 4 期。

② 建筑质量高的各式房屋在勤于修缮的情况下，哪怕是木质结构房屋也可以使用几十甚至数百年时间。

依旧是世界第一[①]，我们可以推断，在历史上的某个时期，铁路修建一定是美国的主要经济行业之一，但随着建成里程数逐渐增加，铁路网负荷显著下降，社会就不再具有那么庞大的修建需求，一时的经济主导行业——铁路修建，反而可能让位给其他行业，比如铁路货运、铁路客运，新的行业在旧的行业基础上成为经济引擎。

（三）国家如何在当代经济竞争中取得优势

在前两节，我们分别讨论了国家与复利的故事，以及国家复利式发展的特征。回顾历史，无论是在农耕时代还是工业时代，不同国家的发展速度与发展结果往往有"巨大的差异"[②]。大国可以笼统地被视为世界上经济、资源规模等占据相对重要地位的国家。由于种种原因，自人类生产方式进入工业时代，大国往往能够以更高效、更优质的创新方式发展，并能够更好地兼具国家复利式发展的长期积累性、收益稳定性以及可持续性等，日益成为影响人类社会与文明发展方向的重要力量。显然，今日之中国已经具备了进行国家复利式发展的典型特征，新中国成立以来，用发展实现了"无危机崛起"[③]，特别是改革开放以来，中国用几十年的时间便走完了发达国家几百年走过的工业化历程，信息化、智能化水平已经走在世界前列。今日之中国已经累积下超大规模、高质量、能在未来持续释放复利效应的社会财富，正在从国家复利式发展的积累期进入跃升期。中国有着世界上第二多的人口数量和广袤的土地与海洋面积，有着 14 亿多勤劳、奋进的中

---

① 美国铁路里程长度超 22 万公里，但很多线路年久失修。这提示我们前一阶段的经济成果也需要不断运用新的经济活动予以维护，而非放任不管。

② 参见［英］罗伯特·C. 艾伦：《全球经济史》，陆赟译，译林出版社 2015 年版，第 1-14 页。

③ 参见王文、刘锦涛：《扎实推动金融业行稳致远》，载《前线》2024 年第 3 期。

国人民，有着足够的发展空间与潜力，必将为世界发展作出更大贡献，引领人类文明前进的方向。

1. 为什么大国经济容易产生更多红利

在农耕经济中，大国经济就已经表现出极强的外溢性[①]，但由于农耕生产方式具有显著的“边际收益递减”[②]的特点，农耕时期的国家复利式发展除规模较大以外缺乏更多的优势。而在当代工业与信息经济中，由于大国经济更加具有规模优势，进而有更大可能性来实现更高质量的国家复利式发展。这样的竞争优势又使得大国政治往往更具稳定性，反过来巩固与促进了大国经济发展的复利效应的进一步释放。具体来看，大国可能具备但不限于如下优势：

一是大国经济具有制造业生产规模优势。工业信息化生产方式具有规模报酬递增以及高昂的启动成本[③]，规模报酬递增使得规模工业本身能够在更低的单位成本下，生产同样质量、数量的制造品，这说明行业主体如果要使自己具备竞争力，就必须达到一定生产规模[④]。而一定生产规模就意味着高昂的经济启动成本，这样一来，中小型国家就容易因经济体量小而无法投入较多的资源来启动某个行业，与大国相比该行业显现出明显的竞争

① 这里的典型代表案例是东方的中国与西方的罗马。

② 一般认为，法国经济学家杜尔哥 1770 年在其作品《关于财富的形成和分配的考察》中描述了边际收益递减定律（Law of Diminishing Returns）。英国经济学家马尔萨斯在其基础上提出了“马尔萨斯人口论”。

③ 参见［美］拉尔夫·戈莫里、威廉·鲍莫尔：《全球贸易冲突和国家利益冲突》，文爽、乔羽译，中信出版集团 2018 年版，第 7-12 页。

④ 以 2023—2024 年的全球乘用车行业为例，现在普遍认为，目前在中国年产量 20 万辆以下的汽车生产厂已经难以生存。蔚来汽车创始人李斌认为，车企每年 200 万辆销量是生死线，如果后续销量到不了这条“线”，发展会很难。小米汽车创始人雷军认为，“我们成功的唯一途径是成为前五名之一，每年出货量超过 1000 万辆。”

劣势。

二是大国制造产业链空间集聚提高生产与创新效率。诺贝尔经济学奖得主保罗·克鲁格曼等人在其有关地理与经济关系的论述中认为，由于能够有效降低物流成本、沟通成本等，制造业产业链上下游人员、厂房等将在地理空间逐渐集聚形成工业核心区，而上文所述的“报酬递增规律”使得该核心区获得独特的竞争优势进而形成正反馈促进效应[①]。由于大国制造业产业链上下游“涌现效应”的存在，在一定区域内的超大生产规模将加速该区域形成制造业产业链集群，同时也有利于技术进步的发生。

三是大国经济的复杂性更有可能产生“涌现效应”而带来更多技术与商业创新。大国内部工商业经济部门繁多、分工更细致、经济结构更为复杂。对于社会经济而言，结构越复杂越能够形成更多的排列组合方式，进而产生更多“涌现效应”，这将带来众多令人意想不到的科技与商业创新。

四是大国经济能够更好利用信息化、智能化带来的“乘数效应”。经济体要实现信息化与智能化，一般在初期投入较大，而其边际投入成本极低，因此，在同等投入水平下，规模越大的经济体越能有效利用信息化与智能化带来的新机遇。

五是如果大国内部一旦形成超大规模市场，将进一步增强大国规模制造优势。大国内部具有潜在的超大规模市场，一旦有效激活大国内部的超大规模市场，进入罗斯托所述的经济发展成熟阶段，就能够进一步促进本地制造业形成更大规模，巩固前期因为大体量带来的经济优势。

六是大国存在更强烈的对外吸引效应。类似于质量更大的星体将产生

① 参见［美］保罗·克鲁格曼：《地理与贸易》，刘国晖译，中国人民大学出版社 2017 年版，第 11-53 页。

更大的引力，如果将一个国家看作一个整体，大国更能够吸引外部资金、人力等资源集聚，进一步增强大国竞争力。

2. 大国发展的不利因素与挑战

在当今人类社会由工业化、信息化迈向智能化的时代，大国相较于中小型国家更容易获得竞争优势，但大国发展也存在着小国鲜有面对的挑战。

一是大国发展更容易出现社会发展不均衡现象。在严重的情况下，这种不均衡可能从内部将大国击溃甚至瓦解。一方面，大国内部更容易出现区域发展差距，先发展地区生产生活条件显著提高，而后发展地区生产生活条件没有明显改善甚至因劳动力外流而出现恶化。另一方面，在工业化过程中，大国国内往往形成分类齐全、分工精细的产业链，但由于技术扩散、竞争加剧加之上下游的长鞭效应，各个部门之间难以实现共同繁荣。大家看到，同样是发达国家，美国的社会资源不平等水平要比欧洲中小型国家高得多，这可能并非完全是制度的原因，而是源于国家规模本身的“大小有别”。

二是大国宏观政策有效实施难度随经济体量增长而显著增加。这也可以说是第一点挑战带来的结果。在生产端，小国出台相关政策，只需要考虑少数几个经济部门以及它们相互之间的联系，而在大国，随着部门数量增加，这种相互之间的联系呈指数级别增长，这给制度设计带来极大的难度，因为对某些部门有利的政策往往会对其他部门产生不利影响。大国在工业化初期的确也只需要考虑农业部门和工业生产中的少数几个部门，如钢铁、建筑、生活用品等。随着经济的发展，需要考虑的因素显著增加，各因素相互作用使宏观政策实施难度加大。

三是大国溢出效应难以控制。大国发展既会产生正面溢出效应，也会带来负面溢出效应。一方面，大国一旦在经济领域出现异常，无论是有意还是无意，都将对其他国家经济运行造成显著冲击。例如，1929 年、2008 年源自美国的两次金融危机很快就冲击了其他国家经济。另一方面，尽管大国可能容易通过“涓滴效应”或者主动投入外溢其产品、产能和技术促进其他国家发展。但大国的外溢效应也容易导致“挤出效应”，即随着大国工业的发展，在国内生产出满足全球需要的工业产品成为可能，从而在客观上限制了其他国家的发展空间。

3. 中国的国家复利式发展与中国红利

改革开放至今，中国取得的经济发展成就举世瞩目，被多个国际权威机构称作世界经济发展中的“奇迹”[①]。

中国“奇迹”有多么壮观？2023 年，中国国内生产总值（GDP）超过 130 万亿元，自 2010 年起稳居世界第二位，并与第一名差距逐渐缩小。改革开放 40 多年来，中国实际国民收入增长 46 倍，人均国民收入增长 31 倍，中国从一个农业人口占比近 80% 的农业国一跃成为世界工业第一大国。1982 年，中国大学毕业生总计 45.7 万名，而 2023 年，高校毕业生已经超过 1100 万人，并且累计有 2.4 亿受高等教育人群、6000 万工程师群体。当前，中国有 50 万亿级消费市场，百万亿元基础设施存量、全球规模最大的高速铁路网络、全球规模最大且覆盖所有村镇的宽带网络基础设施、全球 40.5% 的经世界经济论坛组织遴选的“灯塔工厂”。回顾中国过去几十年的发展，已经在很大程度上展现出积累式发展的特点——前期每年累积的增量并不多，并不“显山露水”，但在越过某个阶段后，每年经济增量都让

---

① See Harrison V.& Palumbo D., *China Anniversary: How the Country became the World's Economic Miracle*,BBC News(Oct.1,2019),https://www.bbc.com/news/business-49806247.

人惊叹，2010 年以来，中国平均每年的经济增量达到 1 万亿美元，中国的国家复利式发展带来的变化是巨大的。

目前，中国已经具备国家复利式发展的显著特征。那么，中国的国家复利式发展有什么特别之处？在党的二十大报告对中国式现代化的描述中我们可以找到答案。党的二十大报告提出，中国式现代化有五个中国特色——人口规模巨大、全体人民共同富裕、物质文明和精神文明相协调、人与自然和谐共生、走和平发展道路。可见，如今的中国特别注重国家内部的社会均衡性、特别注重长期自然条件与资源约束、特别注重发挥大国发展的正面溢出效应并全力控制负面溢出效应。

4. 中国实现国家复利式发展的世界意义

中国的发展离不开世界，世界的发展也离不开中国。我们借用复利的概念描述国家发展，在根本上是想强调：只有持续的经济增长和越来越大的经济存量才能够不断满足更多人对美好生活的向往，这就是我们最终想要的国家复利式发展的结果。过去几十年，在世界经济的大海中，中国巨轮取得了突飞猛进的发展，但中国从来没有想过只把发展的成果留给自己，特别是对于那些仍然深陷贫困和发展陷阱中渴望寻求国家进步与发展的“全球南方”国家与人民，中国人民感同身受。2013 年以来，中国先后提出“一带一路”倡议，构建人类命运共同体，全球发展倡议等倡议与理念，正是希望能够和世界上所有有志之士一起，帮助促进全球共同发展。近年来，中国的国际货物、服务贸易收支已经更加平衡，中国对共建“一带一路”国家已累计投入 1 万多亿美元。我们真诚希望世界各国能够正确看待中国在国际事务中所发挥的积极作用，看到中国对全世界、对人类社会的贡献与意义。

一是中国的国家复利式发展为其他“全球南方”国家提供了发展经验，这些经验包括但不限于：拥有一个重视商业发展的政府、集中力量建设基础设施、注重基础教育普及、适时集中力量筹建大型工业等[①]。这其中有很多经验是共性的，也有一些经验是个性的，不同国家可以根据自身发展目标与情况予以评估、筛选与改造应用。正如以制度经济学而闻名于世的诺贝尔经济学奖得主罗纳德·科斯所言，“我深知中国前途远大，深知中国的奋斗就是全人类的奋斗，中国的经验对全人类非常重要”[②]。中国值得成为全球发展实践中的一个典型案例。科斯强调的正是这一点。

二是中国愿意通过一切努力主动帮助其他有主观合作意向的国家发展。在平等自愿的基础上，中国提出“一带一路”等倡议，正是基于这样一种思想。2013 年“一带一路”倡议提出以来，中国与许多共建国家已经形成了较为成熟的双边合作框架，以交通能源基础设施、厂房、场馆等为主要对象，中国在共建“一带一路”国家的投入已累计突破 1 万亿美元。尽管在少数项目上存在债务、基建使用率等问题，但总体来说这些合作为彼此带来了丰硕的成果，中国获得了国际社会广泛的赞誉。

三是中国的国家复利式发展有望进入居民消费高速提升阶段，成为各国生产商的重要机遇。如前文所述，中国已经基本完成了基础设施等长周期使用资本的积累阶段，中国经济正在依托这些已经建成的超大规模基础设施向消费导向过渡。随着居民收入占国民收入比例稳步提高，中国居民消费将展现更加明显的“复利式增长”。

---

① 参见文一：《伟大的中国工业革命“发展政治经济学”一般原理批判纲要》，清华大学出版社 2018 年版，第 44-53 页。

② Wang Ning, *Interview with Professor Ronald Coase,*clemson.edu(Apr.16,2016), https://www.clemson.edu/centers-institutes/iep/documents/coase-interview.pdf.

四是中国将主动为“全球南方”国家争取更多的国际权益。中国决心不再重复其他先发展工业国家走过的殖民掠夺老路，而是想尽办法成为一个对国际社会负责任的大国。中国将“坚持和平发展道路”写入宪法，承诺永不称霸且主张，国家无论大小、贫富、强弱，都是国际社会平等一员，主权国家一律平等，正是希望世界各国都能够共同发展、共同繁荣，真正实现在北京天安门城楼上所写的“世界人民大团结万岁”。

第二章

国家复利式发展的理论基础

正如第一章所言，要实现国家复利式发展需要稳定的、可持续的增长。其中增长是一个综合性概念，包括多方面内容，其中最关键的支撑是经济的稳定、可持续增长。

经济增长一直是经济学界研究的主题，经济增长理论可以分为古典增长理论和现代增长理论。古典增长理论认为要素积累是经济增长的基础，现代增长理论以内生增长理论为代表。本书认为，资本、劳动等传统要素的积累是国家实现经济增长和复利式发展的基础和保障，而技术进步、人力资本和制度性变革是国家实现经济增长和复利式发展的动力来源。

规模经济与专业化的存在使得规模报酬递增成为可能，成为国家经济发展的又一有力支撑。外部规模经济能引起国际贸易和投资[①]。因此，国家复利式发展的必要条件首先是开放，封闭条件下规模经济和外部经济均会受到限制。完备的产业体系和超大规模市场则为国家复利式发展提供了更多的可能性。

此外，地缘政治、自然灾害等外生环境因素对国家复利式发展的影响也不可忽视。地缘政治紧张有可能影响国际贸易与投资，从而破坏开放环境下的经济增长潜力。而气候变化、疫情等灾害的不确定性为国家的经济发展带来了严重挑战。

（一）国家复利式发展的经济增长理论

1. 经济增长与要素积累

古典经济学家在研究一国如何积累财富时侧重于要素积累对经济增长

---

① 克鲁格曼认为，当规模经济存在与行业内而不是单个厂商内部时，这类规模经济就被称为外部经济。

作用的刻画，认为要素存量对经济增长有决定性的作用。生产要素包括土地、劳动力、资本、技术、数据五种，[①]随着科技的发展和知识产权制度的建立，技术也作为相对独立的要素投入生产。

古典经济学家认为要素存量对经济增长有决定性的作用。这其中包括了亚当·斯密、马尔萨斯、大卫·李嘉图以及马克思的论点。亚当·斯密认为一国的国民财富增长（即经济增长）的主要动力在于劳动分工、资本积累和技术进步[②]；马尔萨斯提出，人口的不断攀升会导致人均资本占有量被稀释，使人均产出处于停滞，经济增长陷入“马尔萨斯陷阱”，强调人均资本积累的重要作用[③]；马克思提出生产和消费两大部类再生产理论，认为社会总资本的分配比例会通过影响生产资料和消费资料两大部类的增长速度而影响经济增长，资本有机构成是影响总体经济增长的关键因素[④]。

资本与经济增长的关系是经济增长领域的重要研究方向。拉姆齐、索洛、戴蒙德等经济学家构建的经济增长模型都证实了资本对经济增长的重要贡献。

罗伯特·哈罗德[⑤]和艾伦·多马[⑥]的经济增长模型成为现代经济增长理论的起点，他们的出发点都是凯恩斯的有效需求原理。无论是哈罗德模型的

---

① 参见《中共中央 国务院关于构建更加完善的要素市场化配置体制机制的意见》，载中国政府网，https://www.gov.cn/zhengce/2020-04/09/content_5500622.htm。

② 转引自张亚斌、曾铮：《有关经济增长理论中技术进步及研发投资理论的述评》，载《经济评论》2005 年第 6 期。

③ 参见［英］马尔萨斯：《人口原理》，王惠惠译，陕西师范大学出版社 2008 年版，第 6-8 页。

④ 参见［德］卡尔·马克思：《资本论》（第 2 卷），朱登译，北京联合出版公司 2013 年版，第 278-294 页。

⑤ See Harrod R. F., *An Essay in Dynamic Theory (1938 Draft)*, 28 History of Political Economy 253(1996).

⑥ See Domar E., *Capital Expansion, Rate of Growth, and Employment,* Journal of the Econometric Society137(1946).

G=s/C，还是多马模型的 G=s·σ（G 为经济增长率，s 为储蓄率，C 为资本 - 产出比率，σ 为产出 - 资本比率，σ =1/C），均假定资本 - 产出比不变，所以模型中 C、σ 不改变。这样，经济增长率唯一地取决于储蓄率 s 的高低。哈罗德 - 多马增长模型是基于凯恩斯的理论解释长期稳定经济增长的模型，并强调资本积累在经济增长中的重要性。其中心论点是资本（或储蓄）是经济持续增长的决定因素。然而，哈罗德 - 多马模型将经济增长的原因统统归于资本积累，仅强调资本这一种要素的作用，忽视了技术进步的增长作用，被喻为“刃锋上的均衡增长”。

罗伯特·默顿·索洛[①]通过引入科布 - 道格拉斯函数，改变资本 - 产出比率（C）为常数的假定，发展了哈罗德 - 多马模型：

Y(t)=F［K(t)，A(t)L(t)］

索洛模型把产出写成资本、劳动和知识的函数，认为经济增长率由资本、劳动增长率及技术进步决定。除了强调资本、劳动等传统要素的积累，索洛模型的突出贡献在于引入了技术变量，因此被称为新古典增长模型。

新古典增长模型强调了资本积累对经济增长的影响，其中包括人力资本。这些模型认为，人力资本投资，如教育和培训，有助于提高劳动力的生产力，从而促进经济增长。

资本积累，简单来说，就是储蓄和投资的过程，通过这个过程，个人或企业逐渐积累更多的财富。而复利是指资本在积累过程中所产生的额外收益，这种收益是基于原始本金及其先前累积的利息或收益计算的。就增长而言，资本的效率，即单位资本投入数量所能产生的 GDP，也是影响经

---

① See Solow R. M, *A Contribution to the Theory of Economic Growth*, 70The Quarterly Journal of Economics, 65(1956).

济增长的重要因素。此外，复利的持续取得依赖于持续投入。除了初始本金，持续投入也可以促进复利增长。定期投入资金，有利于实现货币的长期积累与复利滚动。

资本积累对复利的影响主要体现在两个方面。一方面，资本积累为复利提供了基础。资本积累即初始本金，这是复利增长的基础。没有原始的资本积累，复利就无从谈起。只有在一定的本金的基础上，才能产生利息或收益，而这些利息或收益又可以进一步产生更多的利息或收益，这就是复利的本质。因此，资本积累是持续复利增长的前提。本金越高，复利效应越明显。即使收益率相同，本金越大，随着时间的推移，复利效应也会越明显。另一方面，资本积累的速度和规模直接影响复利的增长速度和规模。如果资本积累的速度快，规模大，那么复利的增长速度也会相应加快，规模也会更大。反之，如果资本积累的速度慢，规模小，那么复利的增长速度和规模也会受到相应的限制。衡量资本积累速度的变量主要是利率或投资回报率。即使有一定的资本积累，如果利率或投资回报率很低，那么复利的增长速度也会受到限制。因此，在追求复利增长的过程中，不仅要注重资本积累，还要关注利率或投资回报率。

2. 经济增长与内生性增长

（1）技术要素的内生化

虽然古典增长理论已经认识到劳动生产率和技术进步对经济增长的影响，但他们对于技术进步的描述较为模糊，并且缺乏对技术进步具体作用于经济增长的机制研究。

到了新古典经济学，经济学家们已经开始注意技术创新在经济增长中的作用。约瑟夫·熊彼特提出了“创造性破坏”理论，认为“经济的增长是不确定的，同时技术的突破对整个经济增长起着至关重要的作用。经济增长的不确定性是内生于经济系统之中的，因为突破的可能性取决于研发的水平，而研发的水平又取决于对研发者的社会回报”[①]。这开创了经济增长理论对技术溢出研究的先河。可见，熊彼特最早提出了技术创新内生性的思想，得出了技术创新影响经济增长的观点，但并没有用数理模型去支持自己的观点。

索洛和特雷弗·斯旺[②]提出了外生技术增长的新古典增长模型，重点是在索洛模型中有代表技术进步的 A 存在，且 A 以平方形式存在。这表明技术进步对于经济增长的影响是巨大的。索洛模型充分考虑到科技创新、技术进步、产业升级对经济增长的显著推动作用。然而，索洛模型把技术进步作为外生变量，因此又被称为外生经济增长模型。而且由于资本收益递减规律仍然存在，这就出现了所谓的索洛余值。经济学界对它的评价是“（它）解释了一切，却独不能解释长期增长”[③]。

为了解释经济的长期增长，很多经济学家做了大量研究工作，核心思想就是将技术进步内生化。肯尼斯·约瑟夫·阿罗率先将技术内生性引进经济增长模型，其学术贡献是将技术进步作为资本积累的副产品，即干中学效应，同时知识的外溢（或投资的外部性）导致整个经济生产率的提高[④]。但是在阿罗的干中学模型中，经济增长仍然取决于外生的人口增长率。保

① Schumpeter J.A., *Capitalism and the Process of Creative Destruction,* Monopoly Power and Economic Performance 19 (1942).

② See Swan T.W., *Economic Growth and Capital Accumulation*, 32 Economic Record 334 (1956).

③ 参见张亚斌、曾铮:《有关经济增长理论中技术进步及研发投资理论的述评》，载《经济评论》2005 年第 6 期。

④ See Arrow K. J., *The Economic Implications of Learning-by-Doing*, 29 Review of Economic Studies 155（1962）.

罗·罗默继承了阿罗的干中学概念，提出了一个以知识生产和知识溢出为基础的知识溢出模型，用技术的外部性或知识溢出来解释经济增长[①]。但没有引入自发性技术变迁理论，技术进步仍然不是技术创新者为了追求自身利益最大化而进行技术投资的结果，因此这一类模型都属于凸性增长模型或外部性增长模型。

随后，研发模型的提出，大大增强了内生增长理论的解释能力。研发模型按照其导致的技术创新的不同方式分为两类：一类是水平创新模型，即增加产品种类的研发模型；另一类是垂直创新模型，即改进产品质量的研发模型。第一类模型主要分析产品种类的增加对经济增长的影响。第二类研发模型遵循了熊彼特提出的“创造性破坏”的思路，认为产品质量的升级是经济增长的源泉。西格斯托姆认为研究活动并不是连续的，而是跳跃性的。即当某一行业内突发一次创新高潮之后，该行业内的研究活动将在很长时间内消失[②]。与此相反，格罗斯曼和赫尔普曼的质量阶梯模型则认为研究活动是连续的，每一种产品的质量都可以无限次地被提高，每次质量的提高都会使该产品提高的服务水平得到一次离散型的跳跃[③]。阿洪和豪威特的模型假定研发竞赛会在整个经济体系内开展，成功的创新将使全行业的产品质量得到提升，从而技术进步会对整个经济产生影响[④]。

---

① See Romer P. , *Growth Based on Increasing Returns and Long-run Growth*, 10Journal of Political Economy 1002 (1986).

② See Segerstrom S., *A Schumpeterian Model of the Product Life Circle*, 80 American Economic Review 1077 (1990).

③ See Grossman G .M.& Helpman E. ,*Trade, knowledge spillovers, and growth*, 35 European Economic Review (1991).

④ See Aghion P. & Howitt P. , *A model of growth through creative destruction*, 60 Econometrics 323 (1992).

总的来看，技术进步仍然是促进经济增长的重要因素，特别是内生于经济体系的有目的的研发活动，从理性经济人的假设出发很好地解释了创新和技术进步的动力，同时建立起从微观主体、中观产业到宏观经济增长的传导和扩散机制，支撑了新经济增长理论的核心论点，从而为国家经济增长奠定了理论基础。

（2）人力资本的内生化

资本按照其构成价值因素，可以分为实物资本、货币资本、人力资本、社会资本等。实物资本包括生产资料、设备、工具等实际存在的物品。货币资本是指企业拥有的现金、存款、债券等金融产品。人力资本是指员工的知识、技能、经验和培训，对企业产生的价值。社会资本包括企业与社会各方的关系，如合作伙伴关系、客户关系等。

索洛的新古典增长模型已经考虑到劳动力的数量和质量对经济增长的影响，将人力资源投资视为一种增长推动力量，认为通过提高教育水平、技能培训和健康水平，可以扩大劳动力参与市场和生产的规模，并提高单位劳动力的产出水平。

美国经济学家西奥多·舒尔茨和加里·贝克尔在20世纪60年代提出人力资本理论，强调了人力资本的积累对经济增长的重要性。通过教育、培训和技能提升等方式，人力资本的投资可以提高劳动生产力，从而促进经济增长。这些投资不仅提高了个人的生产力和就业能力，也对整体经济增长产生积极影响。人力资本投资主要是指劳动力投资。劳动力的投入数量和素质对经济增长起着决定性作用。劳动力的投入数量取决于人口规模和人口结构，以及劳动者投入的劳动时间的多少。劳动力的受教育程度、技能和健康状况等也会对经济增长产生影响。高素质的劳动力也更有可能进行创新和技术提升，从而推动技术进步和经济的增长。贝克尔的《人力资本：关于教育的理论和实证分析》探讨了人力资本对经济增长的影响，提出了人力资本投资对经济发展的重要性。

自舒尔茨将人力资本定义为体现在人身上的、可以被用来提供未来收入的一种资本之后[①]，人力资本在经济增长中的作用越来越受到经济学家们的重视。罗默、罗伯特·卢卡斯等新经济增长理论的代表都把人力资本引入到生产函数中，作为解释经济增长的重要因素。

在阿罗的模型中，经济增长仍然取决于外生的人口增长率。与此类似的经济增长模型还有宇泽宏文[②]，他认为人力资本生产部门不递减的要素边际收益可以抵消物质生产部门递减的要素边际收益，从而保障经济的持续发展[③]。然而，如果人口或劳动力的自然增长率小于零，即在人口出现负增长的情况下，技术进步对经济增长的作用将难以发挥出来。

现代增长理论认为，人力资本的内生性增长是促进经济长期增长的重要因素。内生增长理论明确提出，人口规模较大意味着能在科技研发活动中投入更多资源，有利于促进技术进步。同时，较大的人口规模也意味着较大的市场规模，能够为创新型企业提供更大的获利空间，这就是人口的规模效应。同时，新古典理论认为一定的人力资本水平是决定一个国家经济增长和发展的内生动力，人口规模的正向效应需要一定的技术水平和较高的人力资本水平，反之，如果人口规模过大，而技术和人力资本水平较

① See Schultz T.W. , *Investment in human capital*, 51 American Economic Review 1 (1961).

② See Uzawa H. ,*Optimum Technical Change in an Aggregative Model of Economic Growth,* 6 International Economic Review 12(1965).

③ 参见张亚斌、曾铮：《有关经济增长理论中技术进步及研发投资理论的述评》，载《经济评论》2005 年第 6 期。

低，可能会使国家陷入“马尔萨斯陷阱”。即技术进步和人力资本水平是决定人口规模在经济发展中的作用大小和方向的先决条件。

在中国人口增速减缓的背景下，王金营和刘艳华提出人口规模回旋空间概念，把“人口规模回旋空间”定义为：在一定人口结构变动和人力资本水平下，人口规模所决定的经济增长和发展的可选择集边界的拓展或收缩幅度，即为经济发展在动力、途径和方式上提供的可选择空间和余地。他们认为，当一个国家或地区人口规模较大时，对于专业化分工、产业发展或转移、产业多样化或专业化、人力资本投资方式、自主技术创新或购买技术、人口老龄化等问题都会有更多的选择和回旋余地；反之，人口规模较小，在没有国际分工与贸易时，以上选择的空间和边界将会大大缩小甚至可能不存在。并且认为，随着技术进步和生产力提高，人口回旋空间会得到进一步扩展，将有利于抵消人口负增长对经济增长的负面影响①。

人类的发展就是一个人口再生产与物质再生产相互协调统一的过程，两者均衡与否决定着社会发展的质量。人口生产是一个经济体系的内生变量，家庭会根据对当前与未来经济条件变化的预期而自主理性地作出决策②。关于人口规模对于国家复利式发展的影响将在本书第四章第一部分进一步展开论述。

3. 经济增长与制度性变革

（1）制度变迁的内生性

马克思的唯物史观最早将制度变迁内生化于经济社会。马克思在《〈政

---

① 参见王金营、刘艳华：《经济发展中的人口回旋空间：存在性和理论架构——基于人口负增长背景下对经济增长理论的反思和借鉴》，载《人口研究》2020 年第 1 期。

② 参见袁东：《人口生产从来都是内生变量》，载《上海证券报》2007 年 1 月 31 日。

治经济学批判〉序言》中阐述了三条基本原理：第一，生产力对生产关系具有决定作用，只要生产力发生变化，生产关系也会相应调整，但生产关系对生产力有反作用；第二，经济基础与上层建筑也具有决定与反作用的关系；第三，社会存在决定社会意识。马克思指出，资本主义的生产方式因无法满足生产力发展需要，其经济增长缺乏可持续性。[①]要想实现经济持久平衡的增长，社会变革和制度变迁是关键因素。他指出，“社会的物质生产力发展到一定阶段，便同它们一直在其中活动的现存生产关系或财产关系（这只是生产关系的法律用语）发生矛盾。于是这些关系便由生产力的发展形式变成生产力的桎梏。那时社会变革的时代就到来了。随着经济基础的变更，全部庞大的上层建筑也或慢或快地发生变革”。[②]这就是马克思对制度变迁动力的阐述，从而将制度变量内生于经济社会发展。

阿门·阿尔钦延续新古典学派的逻辑，[③]认为制度变革的动力来自要素相对价格的变化。随着人口增加、技术进步，要素结构不断变化，这一变化会促使社会中的理性“行动者”（agent）调整行为模式，从而推动制度朝有效方向变革，以期达到新的社会福利最优。在这一逻辑中，人类社会的发展处于竞争环境中，“效率最优”成为指引制度变革的最高原则，因此，有效的制度必然会代替无效的制度，制度变迁成为一种由低到高的自动进化过程。这一解释被称为“理性进化”[④]。“理性进化”逻辑意味着：人类历史上所有社会都会调整制度，从而走上经济增长之路。然而，事实却并非如

① 参见《资本论》（第1卷），人民出版社2004年版，第736-763页。

② 《马克思恩格斯全集》（第13卷），人民出版社1962年版，第8-9页。

③ See Alchian A. , *Uncertainty, Evolution and Economic Theory*, 58 Journal of Political Economy 211 (1950).

④ 参见陈玮、耿曙、钟灵娜：《制度变迁的“理性解释”与“权力解释”——评诺斯〈经济史上的结构和变革〉》，载《社会发展研究》2017年第4期。

此，甚至有时大相径庭。回顾历史，经济增长并不是普遍现象，只有工业革命后的西方国家，20 世纪 50 年代的日本，亚洲四小龙以及改革开放后的中国成功崛起，而大多数发展中国家长期维持着低效的制度安排，经济增长出现了缓慢、停滞甚至倒退的状况。

新制度经济学认为，经济绩效取决于制度安排，有效的制度可以激励个人创新，提升生产率，促进经济增长[①]。而低效的制度则会阻碍创新，对经济造成破坏，导致发展停滞。

道格拉斯·C. 诺思最早认识到了这一问题，在其著作《经济史上的结构和变革》(以下简称《变革》)中写道："然而，增长与停滞或衰退相比要少见得多。这一事实表明，'有效率'的产权在历史上并不常见。"他成为对此问题进行系统解释的先驱。诺思在《变革》一书中建立了系统的"制度变迁理论"，这一理论框架包括：产权理论、国家理论和意识形态理论。其中，国家理论是整个理论框架的核心，也是其最具创新的部分。诺思认为，国家作为"行使暴力"的组织，规定并实施制度安排，而制度安排的依据则是根据不同集团"暴力潜力"的大小。所谓"暴力潜力"，反映的正是政治权力，由此出现了"国家—社会"权力关系的视角。这意味着，诺思在解释制度变迁的问题时，不再以效率为先，而是以权力分配为原则。国家力量大，垄断产权结构就得以维持；社会力量大，就会推动产权制度变革。从这一角度来看，诺思的制度变迁理论同前人提出的"理性进化"解释有所不同[②]。

---

① 参见［美］道格拉斯·诺斯、罗伯特·托马斯：《西方世界的兴起》，厉以平、蔡磊译，华夏出版社 2009 年版，第 193-194 页。

② 参见陈玮、耿曙、钟灵娜：《制度变迁的"理性解释"与"权力解释"——评诺斯〈经济史上的结构和变革〉》，载《社会发展研究》2017 年第 4 期。

制度性改革通过具体政策来实现。政府在内生增长理论中发挥关键作用，通过支持教育、研发、知识产权保护和市场竞争等政策来促进内部因素的发展。政策环境是影响经济增长的重要内生因素。政策的制定与实施可以影响劳动力、资本、技术进步和生产能力等因素的发挥，从而对经济增长产生重要影响。例如，鼓励创新的政策、优化营商环境的政策、促进产业升级的政策等都可以推动经济增长。各国政府通过实施不同的政策，如税收政策、货币政策、财政政策等来控制和引导经济增长。同时，国家政策也可以通过促进创新、吸引外资等手段来推动经济增长。

制度性改革的具体实施离不开政策的支持和推动。在中国，政策环境的优化为经济增长提供了有力保障。政策的制定与实施围绕国家战略目标，旨在激发市场活力、优化资源配置、推动产业升级、促进科技创新等方面发挥积极作用。

首先，创新是驱动经济增长的关键动力。中国政府高度重视科技创新，通过制定一系列鼓励政策，如加大对研发投入企业的税收优惠、优化知识产权保护、支持高新技术企业发展等，激发企业创新活力，推动产业结构优化升级。

其次，营商环境的改善对经济增长具有重要作用。中国政府持续推进“放管服”改革，简化行政审批流程，放宽市场准入条件，着力优化营商环境。此举有助于激发市场主体的活力，促进各类企业公平竞争，推动经济增长。

再次，产业升级是实现经济增长的关键路径。中国政府通过制定产业政策引导资金、技术、人才等优质资源向高端产业集聚，推动产业链升级，提高中国经济的整体竞争力。

最后，吸引外资也是推动经济增长的重要手段。中国政府出台一系列优惠政策，如减税降费、优化外汇管理、提高投资便利化程度等，吸引外资企业来华投资，引进技术、管理、资金等优势资源，为经济增长注入新动力。

此外，在国际层面，中国积极参与全球经济治理，推动构建开放、包容、共享的全球经济体系，为中国经济增长创造有利外部环境。例如，签署区域全面经济伙伴关系协定（RCEP），推进中欧投资协定谈判，拓展与共建“一带一路”国家的经贸合作等，均有助于推动中国经济增长。

总之，通过实施有针对性的政策，中国政府积极推动制度性改革，为经济增长创造良好环境。在未来的发展中，我们应进一步全面深化改革，完善政策体系，为实现高质量发展奠定坚实基础。

（2）政策的内生性

政策内生性作为近年来政策研究领域的一个重要概念，引起了广泛关注。政策内生性主张政策分析者从政策问题的内在逻辑出发，关注政策过程中各个环节的互动与关联，从而提高政策制定的针对性和实施的有效性。在中国政策实践中，内生性理念的运用不仅有助于政策问题的解决，还能推动政策体系的完善。

政策内生性关注政策系统内部各要素之间的相互作用与关联，强调政策系统的自组织与适应性。政策系统作为一个复杂的自适应系统，在面临外部环境变化时，可以通过内部调整与创新实现政策目标的达成。政策内生性关注政策制定与实施过程中的学习与创新，认为政策制定与实施是一个不断试错、学习与调整的过程。政策制定者与实施者在面对政策问题时，可通过政策试验、总结经验、知识共享等途径，不断积累与创新政策知识，进从而提高政策效能。政策内生性强调政策网络在政策过程中的重要作用。政策网络是一种由多元主体参与的协同治理模式，通过构建政策主体之间的互动与合作关系，实现政策资源的整合与优化配置，从而提高政策实施的效果。

在政策实践中，政策内生性倡导从问题出发，深入挖掘政策问题的根源与内在逻辑，以确保政策制定的针对性。政策制定坚持问题导向，可以有效避免政策脱离实际，提高政策的实施成效。政策内生性注重政策实施过程中的创新性与适应性，倡导采用多元化的政策实施模式。例如，在环保领域，可以采取试点先行、逐步推广的方式，实现政策目标的逐步达成；在扶贫领域，可以根据不同地区的实际情况，制定有针对性的扶贫政策，增强扶贫效果。政策内生性强调政策网络在协同治理中的重要作用。在政策实践中，构建政策网络能够促进政策主体之间的协同合作，可以有效提升政策实施效能。

综上所述，就国家经济而言，影响一国经济实现长期可持续增长的内生性因素是多方面的，包括劳动力、资本、技术进步与创新、生产能力和政策环境等。这些因素相互作用，共同决定了一个国家复利式发展的速度。

（二）国家复利式发展中的规模经济

1. 规模经济与专业化相关理论

传统的比较优势模型是以规模收益不变的假设为基础的，即假定某个行业中的投入增加 1 倍，产出也相应地扩张 1 倍。但事实上，很多行业都具有生产规模越大、生产效率越高的规模经济，或者边际收益递增的特征。

规模经济理论由以保罗·克鲁格曼为代表的一批经济学家于 20 世纪 80 年代初提出。该理论解释了要素禀赋理论所不能阐释的产业内贸易等一些现象，揭示了规模经济在国际贸易中的重要作用，认为在不完全竞争市场中，规模经济是引起专业化与国际贸易的重要原因。规模经济在国际贸易中扮演着重要的角色。由于规模经济的存在，各国可以更专业化地生产有限类别的产品；同时，它们之间的相互贸易又使得消费所有产品成为可能。当规模经济存在于行业内部而不是单个厂商内部时，这类规模经济就被称为外部经济，也可以说是外部性、外部效应、外溢效应、溢出效应。马歇尔认为，外部经济形成的主要原因有三个：一是厂商的地理集中能促进专业化供应商队伍的形成；二是厂商的地理集中有利于劳动力市场蓄水池的形成；三是厂商的地理集中有助于知识外溢。

在其他条件相同的情况下，行业规模大的国家将比行业规模较小的国家在该行业更有效率。也就是说，外部经济可以引起国家产业水平上的规模收益递增，行业规模越大，生产成本越低。克鲁格曼认为，外部经济会引起国际贸易，而国际贸易允许国家在不同行业进行专业化生产，这将使国家变得更加高效和富裕[①]。

从这一点上来说，国家复利式发展的必要条件首先是开放，在封闭条件下规模经济和外部经济会受到限制。其次是行业规模，取决于市场需求、供给能力和技术创新，而人口数量和市场规模是决定行业规模的根本因素，这也是国家实现复利式发展的根本支撑。

2. 完备的产业体系

生产能力是一个国家经济增长的基础。提升生产能力可以提高生产效率和生产规模，促进经济增长。在经济增长的过程中，发展新的产业、扩

① 参见［美］保罗·克鲁格曼、茅瑞斯·奥伯斯法尔德、马克·梅里兹：《国际经济学：理论与政策》（第 11 版），丁凯等译，中国人民大学出版社 2021 年版，第 108 页。

大现有产业的规模以及提高生产率都是增加生产能力的途径。

产业体系的概念源自保罗·门罗在1898年提出的工业体系概念，他提到工业体系不仅是工厂和机器的组合，更是一个涉及技术创新、资源配置、市场需求等多个方面的复杂系统。德国经济学家弗里德里希·李斯特在《政治经济学的国民体系》中论证了产业体系尤其是产业政策在发展战略性新兴产业和实现大国赶超的重要性[①]。国内关于产业体系的研究非常深入和广泛，涵盖了产业体系的多个领域，包括产业体系划分、产业结构调整、产业升级、产业协同等多方面。党的十九大报告提出“着力加快建设实体经济、科技创新、现代金融、人力资源协同发展的产业体系”。

产业体系是一个综合性的概念，它的定义并非出自单一的源头，而是在学术研究、政策制定和社会实践中不断发展和完善的。产业体系在经济学、产业经济学、制度经济学、发展经济学等学科中均被广泛地研究和探讨。目前，学术界还没有对产业体系的明确定义。一般来说，产业体系是经济体系的重要内容，是在一个特定地区或国家内，由多个有直接和间接联系的产业共同构成的一个复杂经济生态系统。这些产业和部门彼此关联、相互依赖，共同形成一个综合性的产业体系，涵盖了从原材料采购到生产、分销、销售和服务等全产业链条的经济活动，旨在协同促进经济增长和创新。

与产业体系相联系的一个概念是现代产业体系。近些年，现代产业体系成为出现在政府纲领性文件的重要术语。从党的十七大报告到党的二十大报告，从“十二五”规划纲要到“十四五”规划纲要以及近些年的政府工作报告均提到了现代产业体系。习近平总书记在党的二十大报告中第一

---

① 转引自徐康宁:《大国抱负与赶超进程中的产业政策——写在李斯特〈政治经济学的国民体系〉出版180周年》，载《江海学刊》2021年第6期。

次提出“建设现代化产业体系”[①]，将产业体系的现代化同中国式现代化紧密联系起来。现代化产业体系是与中国高质量发展相匹配的产业体系，是全面建成社会主义现代化强国的物质基础，也从供给侧奠定了国家实现复利式发展的产业基础。

习近平总书记在二十届中央财经委员会第一次会议上强调“推进产业智能化、绿色化、融合化，建设具有完整性、先进性、安全性的现代化产业体系”[②]。完整性是现代化产业体系的特征之一，也是打造自主可控、安全可靠、竞争力强的现代化产业体系的必备要求。

中国是全世界唯一拥有联合国产业分类中全部工业门类的国家。中国所拥有的由 41 个工业大类、207 个工业中类、666 个工业小类构成的工业体系，已经涵盖了联合国工业分类目录 39 个大类、191 个中类、525 个小类。在 500 种主要工业产品中，中国有四成以上产品产量位居全球第一，个人计算机、手机、空调、太阳能电池板等一批重要产品产量占全球一半以上[③]。当前，世界进入新的动荡变革期，不确定因素、难预测的因素逐渐增多，对各国应对全球产业趋势变化以及更好地开展全球产业合作提出了更高的要求，产业体系完备可以增强中国产业发展的灵活性，及时应对内外部的各种风险和变化，增强中国经济发展的可持续性。

一是可以应对突发情况、极端情况下的断链风险。近年来，气候变化加剧、极端天气频发、地区安全冲突不断、国家竞争日益激烈等因素叠加，

---

① 习近平：《高举中国特色社会主义伟大旗帜 为全面建设社会主义现代化国家而团结奋斗——在中国共产党第二十次全国代表大会上的报告》，人民出版社 2022 年版，第 30 页。

② 《习近平主持召开二十届中央财经委员会第一次会议强调 加快建设以实体经济为支撑的现代化产业体系 以人口高质量发展支撑中国式现代化》，载《人民日报》2023 年 5 月 6 日。

③ 参见黄群慧：《中国全面推进产业体系完整性先进性安全性》，载《中国经济时报》2024 年 1 月 24 日。

对全球产业链供应链造成了严重威胁，甚至引发断链的巨大风险。例如，在新冠疫情的影响下，全球供应链出现了“断链”现象。红海危机下，物流受阻引发货物贸易中断、大宗商品价格上涨。随着外部环境日趋严峻，乌克兰危机延宕至今，全球甚至面临战争外溢的风险，由突发的不可控因素导致的全球供应链断裂风险逐步增大。中国依托完备的产业体系和强大的配套能力，可以在遭遇突发事件时迅速组织生产，恢复生产能力，保障大宗商品和必需品的供应，稳定国内生产大局，进而维护国家安全与稳定。

二是进行全产业链布局，实现产业链升级。在全球产业链、供应链加速重构的背景之下，世界各国的分工格局正在发生深刻变化。近几年，中国面临产业链外移的压力，倒逼中国加大产业创新力度，向附加值更高的产业链环节进行布局，以获取更大的收益。完备的产业体系可以为技术创新与技术落地应用提供丰富的场景和“土壤”，在产业发展中持续锻造技术创新能力，提升产业数字化和数字产业化水平。虽然，欧美的原创性科技创新强劲，但是目前以 ChatGPT 为代表的大模型技术创新对行业的改变多是集中在人机对话、图像、视频、音乐等领域，这些技术创新带来的改变主要集中于服务业，对工业级的产业改变较少。中国已经可以实现 14nm、28nm 等先进制程工艺技术的量产，14nm、28nm 芯片已经可以满足大部分的下游产业需求，尤其是工业级的产业需求。完备的产业体系能够实现从技术研发到生产制造的全产业链布局，在产业需求的巨大牵引下加速技术成果转化落地，从而进一步提升中国产业发展的国际竞争力。

三是快速响应不断变化的需求，增强产业发展的灵活性。目前，中国进入高质量发展阶段，经济结构持续优化，完备的产业体系可以为新质生产力的培育和战略性新兴产业的壮大提供产业基础，以规模经济下的成本优势、全产业配套的协同优势快速响应社会需求的变化，将其转化为强大的供给能力，确保供给侧和需求侧进行深刻调整以达到更高水平的动态平衡。

3. 超大规模市场

传统的经济学理论并未讨论经济体规模对发展模式、产业结构等方面的影响，这方面需要进行理论补充。

如何理解超大规模市场？目前学术界还没有对超大规模市场概念的系统性阐释和梳理，更多的是对全国统一大市场的研究。根据现有的发展特点，本书认为超大规模市场可以从如下几方面进行论证。

一是从资源、能源来看，超大规模市场是指资源、能源规模巨大。土地、耕地、林地、草地、荒漠、滩涂等在中国都有大面积的分布。中国是资源大国，资源总量排名世界第三。草地面积占国土总面积的 40% 以上，是世界草地面积较大的国家之一。森林面积居世界第五位，森林蓄积量列第七位，人工林面积居世界首位。石油资源总量较丰富，开采潜力较大。煤的储藏量居世界第三位，水资源总量占世界水资源总量的 6%，居第四位。同时，在绿色发展战略的引领下，中国的可再生能源、清洁能源、绿色能源还有很大的增长空间，风电光伏新能源电量占比不断提升，氢能加速培育发展。截至 2023 年底，全国可再生能源发电总装机达 15.16 亿千瓦，占全国发电总装机的 51.9%，在全球可再生能源发电总装机中的比重接近 40%；全国可再生能源发电量近 3 万亿千瓦时，接近全社会用电量的 1/3。彭博新能源财经数据显示，中国是全球能源转型投资的最大贡献者，累计投资规模达全球总规模的一半，远高于排在第二位的美国。

二是从要素来看，超大规模市场是指要素规模庞大。劳动力与土地要素方面，中国人口规模巨大，地理空间广阔。中国拥有 14 亿多的人口规模和超4亿中等收入群体，是世界上人口规模巨大和中等收入群体规模最大的国家。国土面积方面，中国是仅次于俄罗斯、加拿大的世界第三大国；资本要素方面，中国是金融大国，拥有全球最大的银行体系，第二大保险、股票和债券市场，外汇储备规模稳居世界第一，具有丰富的金融资源供给；数据要素方面，中国具有巨大的数据规模。互联网数据中心（IDC）数据显示，2018—2025年全球数据圈将增长5倍以上。IDC预测，全球数据圈将从2018年的33ZB增至2025年的175ZB。中国数据圈增速最为迅速，正在迈向全球第一。2018年，中国数据圈（7.6ZB），占全球数据圈的23.4%。预计到2025年将增至48.6ZB，占全球数据圈的27.8%，中国将拥有全球最大的数据圈[①]。

超大规模市场提供更多的容错和创新空间。当前，中国经济已经进入高质量发展阶段，中国经济的发展理念和发展模式均要发生深刻调整和变化。原来追求规模的发展模式要转变为速度和质量并重的发展模式，原来过度追求经济效益的发展模式要转变为更加注重公平、降低单位GDP能耗的发展模式。在此背景下，我们需要勇于改革，以创新性发展思路、发展措施引领中国经济迈向高质量发展阶段。习近平总书记指出，发展新质生产力是推动高质量发展的内在要求和重要着力点[②]。发展新质生产力离不开原创性、颠覆性技术创新。超大规模市场为技术的研发落地、成果转化提供了理想的试验场。如今，前沿技术的迭代速度越来越快，高科技产品的研发周期逐渐缩短，高科技公司需要更迅速地开展研发、试验并将产品推

① 参见《报告显示：2025年中国将拥有全球最大的数据圈》，载中国新闻网2019年3月1日，https://baijiahao.baidu.com/s?id=1626766990002563537&wfr=spider&for=pc。

② 参见《习近平在中共中央政治局第十一次集体学习时强调 加快发展新质生产力 扎实推进高质量发展》，载《人民日报》2024年2月2日。

向市场，从而提升自己的市场竞争力。超大规模市场中存在大量的微观市场主体与消费者，一方面，大量的生产者与高科技企业通过丰富的人才供给可以迅速展开科研，提高技术供给水平；另一方面，庞大的消费群体为高科技产品的推广提供了巨大的需求基础，消费需求的多样化、应用场景的多元化为技术创新提供有力的市场支撑，庞大的需求市场可以快速对创新产品的性能进行检验与反馈，降低高科技企业的市场风险。因此，在技术创新涌现的环境下，超大规模市场的优势将体现的愈加明显，它促进了经济的循环畅通，为更多的科技创新提供了广阔的市场空间，进而激发了国家科技创新的整体活力。

超大规模市场支撑内需的不断释放。党的二十届三中全会审议通过的《中共中央关于进一步全面深化改革 推进中国式现代化的决定》提到，构建全国统一大市场要加快培育完整内需体系，完善扩大消费长效机制[①]。按照中国式现代化进程，到 2035 年中国基本实现社会主义现代化，届时人均 GDP 将达到中等发达国家水平。根据世界上发达经济体的消费支出占 GDP 比重数据，美国和英国的最终消费支出占比达到 82% 以上，其中居民消费支出占比达到 60% 以上；日本的最终消费支出占比达到 75.3%；德国的最终消费支出占比为 71.4%。发展中国家如墨西哥、俄罗斯、印度的最终消费支出占比也分别达到 77.9%、67.8% 和 70.7%，中国的最终消费支出占 GDP 比重确实不高。2022 年，中国的最终消费支出占 GDP 比重为 32.8%，与发展阶段更高的国家相比还有很大的提升空间。消费占比偏低与中国所处的经济发展阶段有很大的关系，也符合经济发展的规律。中国目前仍处

① 参见《中共中央关于进一步全面深化改革 推进中国式现代化的决定》，载中国政府网 2024 年 7 月 21 日，https://www.gov.cn/zhengce/202407/content_6963770.htm。

于由农业国向现代化工业国快速转型的时期，这一时期需要大量的资本形成、资本积累和资本投资来支撑工业化的建设，支撑各项大规模基础设施的完善，支撑养老、医疗、教育等公共服务体系的完善，从而奠定工业化和现代化的基础。当进入新的阶段后，一方面，资本的边际收益会随着前期积累而逐渐下降，另一方面，随着前期投入所带来的居民收入的提高，城乡收入差距逐渐缩小，公共服务体系的完善带动收入增长的可持续性增强，人们能消费、愿消费、敢消费的热情才可被激发，人们的消费能力也将逐渐提升。依托中国超大规模市场优势，中国的消费潜力是巨大的，14亿多人口支撑下的中等收入群体的扩大、农村消费市场的壮大、服务消费领域的发展，将为中国消费市场的繁荣提供动力，也将为中国经济的需求结构优化带动经济可持续增长提供信心。

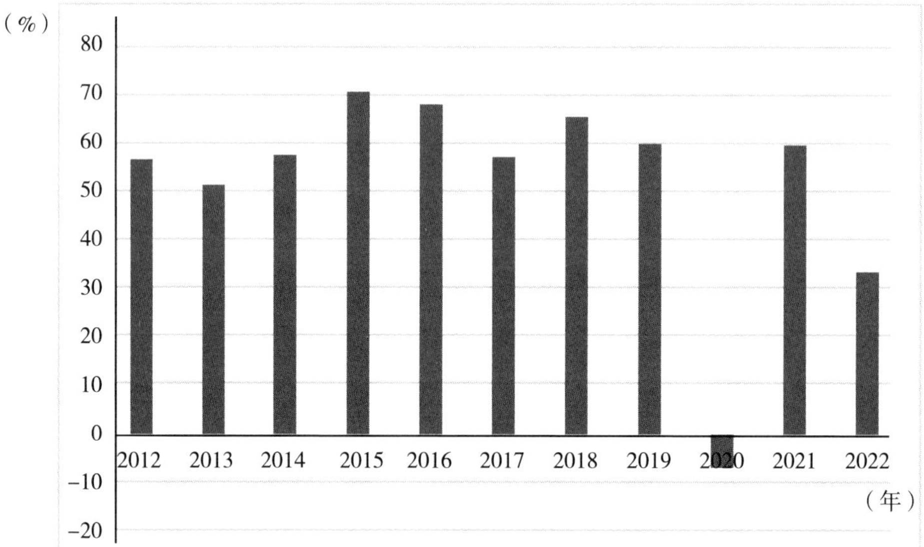

图 2-1　2012—2022 年最终消费支出贡献率

数据来源：作者根据北京大学中国经济研究中心（CCER）数据绘制。

4. 经济增长与对外开放

（1）国际贸易

国际贸易、经济全球化与经济增长一直是经济学界研究的话题之一，已形成了多个经济学流派，但是目前关于二者的相关关系还没有明确的定论。按照时间顺序，本书对国际贸易与经济增长的相关理论进行梳理。

首先，以亚当·斯密、大卫·李嘉图为主要代表的经济学家提出的古典贸易理论倡导自由贸易，认为国际贸易对促进经济增长有积极的促进作用[①]。20 世纪 30 年代，出现了对外贸易乘数理论，是由马克卢普和哈罗德在凯恩斯的投资乘数原理基础上引申提出的，并应用于国际贸易领域。该理论认为出口对经济增长可以形成有效支撑，对一国的就业和国民收入有同投资一样的倍增作用。出口可以引发出口产业部门收入增加，消费增加，带动其他产业部门产量增加，收入增加，即出口会带来收入的成倍增加。

以弗里德里希·李斯特为代表的经济学家提出的现代贸易理论对古典贸易理论提出了质疑。现代贸易理论以保护贸易理论为代表，反对古典贸易理论所主张的自由贸易。该理论认为，自由贸易对发展中国家的贸易条件和国际收支的不利影响要远远超过自由贸易所带来的资源有效配置的有利影响。自由贸易对发展中国家是不公平的，可能会导致国内的幼稚产业受到冲击，使国际收支恶化。这也是“最适关税”所主张的，通过征收关税改善贸易条件所获得的收益要大于资源配置效率下降所产生的损失[②]。

20 世纪 80 年代中期之后，在以卢卡斯的“专业化人力资本积累增长模

---

① 转引自叶怀斌、李嘉莹、张胜满：《古典贸易理论的新思考：比较优势“二元结构”》，载《现代管理科学》2015 年第 7 期。

② 参见姜达洋：《重商主义就等同于贸易保护吗？——对于重商主义理论的重新解读》，载《现代财经》（天津财经大学学报）2019 年第 9 期。

式”为代表的“新增长理论”影响下[①]，新贸易理论出现了，并再次论证了贸易活动对于促进经济增长的影响。该理论认为，贸易活动可以利用知识的溢出效应，促进人力资本积累。即各国开展国际贸易可以节约一大部分研究与开发费用，通过国际贸易可以引用先进的技术、加强人员之间的往来，从而在干中学中加速本国的人力资本积累。新贸易理论是从动态的角度说明贸易活动对国家经济增长的促进作用，强调了国际贸易可以促使知识与人力资本加速积累，进而推动贸易国经济持续增长，这一点对发展中国家来说更有意义。新贸易理论为贸易促进经济增长提供了动态的长期分析框架[②]。

以克鲁格曼为代表的经济学家提出的规模经济贸易理论为大国开展国际贸易获取收益提供理论基础。规模经济贸易理论以国际市场的不完全竞争（垄断竞争）以及企业生产具有规模经济效应为前提条件，认为当某一产品的生产发生规模收益递增时，随着生产规模的扩大，单位产品成本会出现递减，最终，企业将专业化生产并出口这一具有成本优势的产品[③]。基于此，中国的规模经济优势为其开展国际贸易实现经济增长提供基础。

随着新一代信息技术的发展，数字经济成为第四次工业革命下新的经济形态，并成为推动经济增长的重要引擎。在数字经济的发展背景下，数字贸易是新型的贸易形态，是数字经济在国际贸易领域的拓展。数字贸易的发展和一些新的特征会对传统的国际贸易理论构成巨大的挑战。

数字贸易的内涵在实践中不断丰富，基于现有的研究和讨论，数字贸

---

① See Lucas R.,*On the Mechanics of Economic Development*,7 Journal of Monetary Economics (1988).

② 参见李伊:《国际贸易促进经济增长理论的发展及其启示》，载《吉首大学学报》(哲学社会科学版)1996 年第 3 期。

③ 参见李俊江、侯蕾:《新兴古典贸易理论述评》，载《江汉论坛》2006 年第 9 期。

易涵盖可数字化交易的产品或服务，例如医疗、教育、设计等传统的服务领域通过建立云平台，为世界各地提供服务。以及可进行数字化存储、交易的数字产品，例如视频、图像等能通过电子传输方式进行贸易的产品。对于贸易的数字化，即通过电子商务或其他数字化渠道完成的贸易，主要是与传统货物贸易相关的贸易活动，因为采取了数字化的贸易手段，也可纳入数字贸易的广义范畴。

自由贸易和贸易保护主义在数字经济时代下成为一个新的理论课题。首先，数字贸易可能会对自由贸易理论下的比较优势理论与要素禀赋理论形成挑战。数字经济引领的智能革命是一个划时代的变革，从经济增长理论来看，数字经济需要突破以人力资本、土地、资本作为要素的传统经济增长理论，将数据要素作为一种新的生产要素纳入理论模型。在此影响之下，赫克歇尔 - 俄林的国际贸易要素禀赋理论也需要与时俱进，将数据要素纳入理论模型之中。具体原因总结为：一是数据要素作为一个新的生产要素影响着各国的要素禀赋与比较优势，例如数据的规模与质量，数据基础设施情况，数据生态的繁荣程度等；二是数据要素会对其他要素产生替代，弱化其他要素的作用与优势。例如随着人工智能技术的快速发展，人力资本作为劳动密集型产业的重要要素可能会被数据要素部分替代。而资本要素的持续投入，将进一步促进高技术产业发展和数据要素积累，可能会凸显资本要素的重要作用；三是数据要素是一个典型的内生性要素。它同人力资本的“干中学”以及技术创新的内生性具有一致性，可以随着经济的发展而不断地积累并随着积累量的扩大而提高数据的质量和利用效率，从而扩大要素规模并提高要素生产率。

其次，数字贸易可能也会对新贸易理论（规模经济贸易理论）形成冲击。在自由贸易理论与新贸易理论下，国际贸易会带动经济增长。如前文所述，新贸易理论基于内生增长理论，认为国际贸易可以促进各国之间的技术交流和人才流动，进而带动一国经济增长。传统贸易理论认为，在完全竞争市场与要素可自由流动的假设下，国际贸易会引发各国要素报酬和收益率的均等化。而基于数据要素的数字贸易可能使这一理论面临挑战。一方面，数据要素的零边际成本特性，使要素报酬均等化机制近乎失灵。另一方面，数据要素本身的内生性意味着，某国一旦在数据领域取得微小竞争优势，便能通过规模经济效应不断强化这一优势。因此，长期来看，各国之间的贸易规模乃至收入水平不仅不会收敛，反而存在着不断扩大的可能[①]。换言之，数字贸易非但不会借由数据要素的自由流动实现贸易双方的共赢，反而可能因规模经济效应加剧数据要素比较优势的差距，这更加表明了贸易国通过国家政策干预以积累数字贸易先发优势的重要性与采取一定程度的数字贸易保护措施的趋势。

马克思提出自由贸易的实质是资本的自由，英国自由贸易的性质“说到底就是垄断”[②]。即自由贸易使得资本在全球范围内再次得以集中，工人阶级的利益因此而受损。恩格斯指出，自由贸易的结果使得中心–外围的国际贸易体系更加稳固，“中心”国家的垄断地位更加突出，其他国家对于“中心”国家更加依赖。[③] 同时，他认为贸易保护的实质是资产阶级打着国家利益的幌子攫取阶级私利。但是，他并没有否定自由贸易和贸易保护主义的历史进步性，指出了自由贸易的历史必然性及其在现代经济中的一般性、

① 参见张宇、蒋殿春：《数字经济下的国际贸易：理论反思与展望》，载《天津社会科学》2021年第3期。

② 参见《马克思恩格斯选集》(第1卷)，人民出版社2012年版，第808页。

③ 参见《马克思恩格斯文集》(第4卷)，人民出版社2009年版，第333页。

普遍性要求，以及贸易保护对于处在资产阶级幼年时期的重要性。

综上所述，自由贸易和贸易保护主义对经济增长的影响程度尚不明确。实践中，在不同时期内，不同的贸易主张占据主流地位，如20世纪80年代至21世纪初，贸易保护主义占据世界主流。21世纪前20年，自由贸易则占据主流。如今在地缘政治冲突加剧的背景下，贸易保护主义再次抬头，成为国家间竞争的常用手段。但需要注意的是，自由贸易绝不是贸易的绝对自由主义，贸易保护更不是完全封闭的。缺乏保护的自由贸易将会掉入新自由主义的陷阱，而不符合市场规律的一味地贸易保护则是经济霸权的体现。二者应是辩证统一的关系，在追求自由贸易的前提下，各国家可以采取适当的贸易保护措施，这样既符合本国利益而又不损害他国利益。

（2）国际投资

国际投资分为国际间接投资和国际直接投资。这两类投资的根本区别在于是否获得被投资标的的控制权。国际间接投资主要通过金融中介或金融市场进行，一般不取得控制权。国际直接投资以取得控制权为最终表现形式。经济合作与发展组织（OECD）和国际货币基金组织（IMF）认为，国际直接投资是指一国（或地区）的居民和实体与在另一国的企业建立长期关系，具有长期利益，并对之进行控制的投资。它的投资形式不仅限于货币资本的国际流动，还包括生产资本的国际流动。它的主要投资表现形式为成立跨国企业。本部分讨论国际直接投资与国际间接投资，更侧重国际直接投资对经济增长的分析。

大国相较于中小型国家在国际投资方面具有一定的优势。美国学者斯泰芬·海默提出垄断优势论[①]。该理论认为如果国际市场是完全竞争的，要素流动是完全自由的，则不会发生国际投资。市场的不完全竞争是国际投资的根本动因。在不完全竞争市场中，跨国公司由于规模经济、雄厚的资金实力与管理经验等形成垄断优势，从而促进直接投资的发生[②]。垄断优势论为大国发挥规模经济效应，形成规模经济优势，开展国际投资提供了理论基础。国际投资可以促进世界整体、投资国及东道国的经济增长，主要体现在如下方面。

一是国际投资与世界整体经济增长。麦克杜格尔和肯普提出了国际资本流动模型，他们认为国际间不存在限制资本流动的因素，资本可以自由地从资本要素丰富的国家流向资本要素短缺的国家。资本在各国之间的自由流动使得各国资本的价格和资本的边际生产力趋于均等，从而提高资源的利用效率，提高投资国与东道国的财富总量，有助于世界经济增长。罗默和卢卡斯基于内生增长理论，从技术和知识的溢出效应角度出发，认为对外开放有助于加速先进科学技术、知识和人力资本在各国间的传递，国际直接投资可以促进要素的自由流动，进而促进投资国、东道国与世界整体的经济增长。此外，也有不少学者从实证角度分析了国际直接投资对经济增长的促进作用。从 20 世纪 80 年代中期开始，外国直接投资与经济增长之间存在明显的内生关系。外国直接投资不仅本身直接促进经济增长，而且还通过其交互项间接促进经济增长[③]。

---

① See Stephen Hymer , *The International Operations of National Firms: A Study of Foreign Direct Investment* (master's thesis , Cambridge, 1960).

② 参见吴鑫:《西方垄断性贸易理论》，载《世界经济》1992 年第 5 期。

③ See Xiaoying Li., *Foreign Direct Investment and Economic Growth: An Increasingly Endogenous Relationship,* 3 World Development 393 (2005).

二是国际投资与投资国经济增长。国际投资对投资国的经济影响体现在多个方面，包括产业结构、就业、国际收支、技术发展等。从影响的显著性来看，主要体现在产业结构和技术进步方面。首先，促进投资国的产业结构升级。日本经济学家小岛清在国际贸易比较优势理论的基础上提出边际产业扩张论，该理论认为投资国将处于比较劣势地位的产业（即边际产业）通过国际直接投资向东道国转移，从而扩大这些产业在东道国的比较优势，扩大两国间的比较成本差距，为两国扩大贸易奠定基础。这可以促使投资国集中更多的资源用于扩大具有比较优势的产业的出口，带动投资国的产业结构调整升级。日本“雁型发展模式”是极具代表性的案例。20 世纪 60 年代以来，日本为了发展本国高科技产业将已经不具备劳动力成本优势的劳动密集型产业向韩国和中国台湾地区转移，到 20 世纪 80 年代，随着韩国和中国台湾地区劳动力成本的上升，这些产业通过对外直接投资再次向东南亚等国家转移，在这样的过程中，实现了本国的产业升级①。从上述分析来看，跨国直接投资可以扩大两国的贸易规模，从而带动投资国的经济增长。

其次，促进投资国的技术进步。技术进步是促进一国经济增长的内生动力，利用前沿技术，本国可以在某一产业中占据垄断地位，进而扩大其规模经济效益以维持本国竞争优势。虽然对外开放可以促进技术的交流，但是实践和理论均表明可用于交流的技术是受限制的，发达国家的前沿技术基本不可能通过对外直接投资或出口先进技术设备进行转移。东道国考虑到本国就业和国际收支平衡等因素，会放松对投资国通过直接投资与东

① 参见李素琴：《用小岛清边际产业扩张论解读日本对华投资新动向》，载《改革与理论》2003 年第 8 期。

道国企业合资办厂以引进其前沿技术的审查。在这种情况下，投资国对发达国家的直接投资会在一定程度上促进本国的技术进步。

三是国际投资与东道国经济增长。国际投资对东道国经济的影响体现在资本积累、产业结构升级、技术进步等多方面，特别是促进东道国的资本积累以及产业结构升级这两方面。一方面，国际投资通过增加东道国的资本要素投入，进而促进东道国的经济增长。资本作为生产要素在促进经济增长中的作用已经在多个经济增长模型中得以证实，最为著名的是哈罗德 - 多马模型将资本的作用提高到了经济增长的唯一决定要素这一地位上。针对国际投资通过资本效应带动东道国经济增长的研究，最著名的是美国学者钱纳里和斯特劳特提出的“双缺口”模型。“双缺口”模型主要针对的是发展中国家的储蓄缺口和外汇缺口。发展中国家在发展初期会出现资本（储蓄、外汇）供给量的短缺，而引进外资会提高国内的资本有效供给，促进储蓄—投资的转化以及出口创汇，为经济增长提供动力。这一效应可用来解释发展中国家发展初期引进外资对经济增长的带动作用，但是随着发展中国家经济总量的提高，在进入新的发展阶段后，积累了大量的储蓄和外汇，不存在明显的储蓄和外汇缺口，这一理论的解释力便会下降。在这一阶段，发展中国家引进外资的作用和目的将会发生变化，这需要新的理论进行解释。

另一方面，国际投资在这一阶段的主要作用是促进东道国产业结构升级。产业结构升级的核心在于技术进步推动的全要素生产率的提升，在封闭的环境中这一过程会非常缓慢，只有通过积极参与国际市场、参与国际竞争才能促进技术升级下的产业结构调整。根据国际生产折衷理论，外国投资者总是集中于自身优势明显的部门，这些部门的外资企业总体上比东道国企业更有效率。而外资的明显优势一般是由技术、管理、资金形成的某种垄断优势。正如巴拉苏布拉曼尼等[①]所总结的那样，外国直接投资是资本存量、专门技能和技术的综合体，可以通过劳动力培训、技能获取和传播以及引进替代性管理方法和组织安排，增加接受国经济中的现有知识存量[②]。外资企业的进入可以激活东道国市场，促使东道国企业利用外资企业的技术外溢效应与丰富的资金，提高自己的管理效率与生产效率以获取竞争优势，在此过程中，产业结构也将向提高经济效率的方向优化调整。以中国为例，中国有很多学者通过实证分析中国对外直接投资对“一带一路”倡议沿线国家产业结构的影响，发现中国对外直接投资对沿线国家产业结构升级具有正向影响，且“一带一路”倡议在两者之间存在正向调节效应[③]。

但是，需要注意的是，直接投资与东道国的经济增长并不总是存在明显的正相关。世界银行研究表明，外国直接投资与经济增长之间的关系并不稳定[④]。东道国能否利用外资实现经济增长取决于多方面因素，包括东道国对投资国的产业转移接受能力，东道国自身的相关产业基础与产业发展程度等。如果东道国自身的产业能力较弱，或者缺乏必要的竞争能力，外资企业的垄断会对相关的产业造成重创。

---

① See Balasubramanyam V. N ., Salisu M .A& Sapsford D , *Foreign Direct Investment, Trade Policy and Economic Growth* , Palgrave Macmillan UK 92 (1996).

② 参见李东阳:《国际直接投资与经济发展》，经济科学出版社 2002 年版，第 53 页。

③ 参见田晖等:《我国对外直接投资与东道国产业结构升级——基于“一带一路”倡议的调节效应》，载《中南大学学报》2021 年第 6 期。

④ See Agustín S. Bénétrix, Hayley Pallan & U. Panizza ., *The Elusive Link Between FDI and Economic Growth*, LTI Working Paper No.12 (2022).

（三）国家复利式发展中的外生因素

1. 地缘政治

地缘政治的概念源自西方，一般被作为大国间博弈与竞争的手段，最早由瑞典政治学家契伦提出。他在拉采尔关于有机体的国家论和“生存空间”概念的基础之上，提出了地缘政治的概念，将地理因素和政治因素结合起来，突出强调地理因素对国际政治的影响。地缘政治理论是国际关系的重要理论，西方研究视野下的地缘政治理论主要包括传统地缘政治理论，如海权论、陆权论、空权论，以及现代地缘政治理论包括分裂世界论、文明冲突论、单极论等。以冷战为界限，目前地缘政治理论正在发生深刻的演变，主要体现在如下方面：一是弱化了地理空间的重要性，非地理空间因素作用凸显。早期的地缘政治理论强调国家地理位置和国家地理空间对于国家利益和国家外交政策的重要性，海权论、陆权论均将整体的全球系统按地理学标准划分为不同的空间结构，并把它们按权势重要性排列。后冷战时代，地缘政治理论不再突出强调地理空间的重要性，将许多动态的、非地理因素纳入考量。例如文明冲突论将不同文明之间的差异冲突作为影响国家利益与国际关系的重要因素。随着互联网技术的发展，网络空间成为大国实施地缘政治战略的新领域。

二是与之相关联的国家权利的内涵、手段、形式发生了变化。地缘政治理论最初是基于维护本国利益的考虑，认为国家的行为应被看作是一种竞争力量，必然的结果就是少数强大方吞并弱小方，这是竞争中的永恒规律。西方语境下地缘政治是一个带有霸权色彩的概念，只有不断地对外扩张、对外侵略，侵占别国领土才能不断扩大本国权利，保障本国利益。在此影响之下，地缘政治的手段是海外殖民、建立军事基地、对他国进行军事政治干预等。后冷战时代，从原来的追求政治利益逐渐转变为对经济利益和经济地位的追求。西方出现了“地缘经济学”，即通过发展对外贸易与开展对外投资来扩大本国经济利益。这意味着维护权利的手段由军事政治霸权转化为经济霸权，经济制裁、脱钩断链、投资限制成为实施经济霸权的常用手段，这本质上还是霸权思维战略的体现。中美贸易摩擦作为近年来在全球备受关注的地缘政治事件，不仅影响了中美两国，还对全球经济产生了影响。2018 年下半年起在由美国单方面挑起的中美贸易摩擦中，两国之间的经济关系受到严重冲击，对全球经济格局产生了影响。

三是西方的地缘政治理论对一些问题逐渐缺乏解释力，正在被新的理论所颠覆。西方地缘政治理论强调冲突与对抗，非此即彼的二元论以及西方中心论根深蒂固。随着经济全球化不断深入，在全球已经形成“你中有我，我中有你”的经济共同体、命运共同体的现实背景下，这种理论对当今全球的可持续发展、本国的经济复苏，以及各国通过合作应对一些全球性挑战、解决全球性问题以更好地增进本国福祉方面缺乏解释力。随着发展中国家的群体性崛起与话语权的提升，以中国为代表的发展中国家所提出的全球发展倡议、全球安全倡议、全球文明倡议以及构建人类命运共同体理念，为地缘政治理论的革新指明了方向，为构建新时代背景下的国际政治关系指明了道路。

2022 年初爆发的乌克兰危机成为冷战以来典型的国际地缘政治事件，再次体现了西方的地缘政治思想仍然在发挥着作用。乌克兰危机对经济造成的负面影响仍在延续。英国经济与和平研究所发布的 2023 年“全球和平指数”显示，全球和平水平已经连续 9 年下降。地缘政治紧张因素引发的全球经济碎片化正在加剧，不仅会给全球贸易带来更多限制，阻碍跨境资本和技术流动，还将给全球经济带来巨大损失，妨碍在气候变化和粮食安全等领域的全球多边合作，加剧全球脱钩断链风险。根据世界粮食计划署的测算，乌克兰危机的爆发使2022年全球粮食不安全人口增加4700万人，总规模接近3.45亿人，较2020年新冠疫情暴发前增长约72.5%。其中5000万人身处粮食紧急状态，88.2万人身处灾难状态，尼日利亚、也门、肯尼亚与南苏丹等国可能出现严重饥荒。伴随乌克兰危机的长期化和极端天气的进一步频发，国际粮食危机或将继续发酵，进而引发更严重的人道主义灾难和社会动荡。

以合作、发展为内核的地缘政治理念，在借鉴西方地缘政治理念的基础上为地缘政治的发展提供了新的方向。有研究显示，传统全球化中的关税减让，最多能推动世界经济增长5%，而新型全球化中的互联互通，将推动世界经济增长10%—15%。“一带一路”倡议是促进全球合作发展的倡议，以“共商、共建、共享”为原则，是构建人类命运共同体理念的实践平台，丰富和拓展了地缘政治的内涵，“一带一路”倡议在促进全球合作与经济发展方面作出了重要贡献。相关数据显示，2013—2022年中国与“一带一路”倡议共建国家的货物贸易额从1.04万亿美元增至2.07万亿美元，年均增长8%。这些正是“一带一路”倡议秉承开放、连接、合作、共赢的新型国际关系而取得的成绩，不仅为共建国家的经济增长作出了重要贡献，也促进了中国实现国家复利式发展。

2. 自然灾害

自然灾害是指给人类生存带来危害或损害人类生活环境的自然现象，包括地质灾害、气候灾害、水文灾害、生物灾害、天文灾害等。根据自然灾害的发生特点，可分为一次性冲击和长期性冲击。一次性冲击的自然灾害对经济长期增长的影响并不显著，甚至具有促进作用。基于熊彼特的“创造性破坏”理论，自然灾害虽然破坏了区域原有的物理的、有形的财富，但由于区域原有的基础设施、生产资料和设备等损毁，尤其是老旧设备更易受损。灾后必须重新投入大量人力物力用于恢复和重建。替换老旧设备，会对整个经济增长及生产力发展带来长期的积极影响。但是长期性冲击的自然灾害对经济长期增长的负面影响比较严重。这类自然灾害会产生长期持续性的影响。它们一直存在于人类的生存环境中，并且潜移默化地影响人类的生产生活。同时，一次性冲击和长期性冲击的影响也和自然灾害的严重性有关。相对于中等自然灾害，严重自然灾害对经济增长的阻碍作用更大[①]。一些中等强度的自然灾害可能有利于刺激经济增长，但严重灾害永远不会[②]。这意味着严重的自然灾害对经济增长的影响无论是短期还是长期，均会是负面的。

因此，自然灾害对国家经济发展的影响主要取决于两个因素：一是灾害的持续性，二是灾害的严重性。基于这两个特征，结合自然灾害的分类，作者分析疫情、气候变化等因素对经济增长产生的长期破坏性影响。

（1）新冠疫情对国家经济发展的影响

2020 年 1 月 30 日下午，世界卫生组织（WHO）宣布新型冠状病毒疫情构成国际关注的突发公共卫生事件。公共卫生事件的长期效应取决于事件的严峻性、持续性以及对经济结构的破坏性[③]。传染病的集中暴发，可被

---

① 参见朱靖、黄寰：《自然灾害与经济增长之辨析》，载《西南民族大学学报》（人文社学科学版）2014 年第 6 期。

② See Thomas Fomby, Yuki Ikeda & Norman V. Loayza. ,*The Growth Aftermath Of Natural Disasters*, 3 Applied Economics 412 (2013).

③ See Hanna, Donald & Yiping Huang, *The impact of Sars on Asian Economies*, Asian Economic Papers, No.3 (2006).

视为严重的公共卫生事件，其对经济的影响是深远的。以大型传染病为代表的公共卫生事件不仅会在短期冲击总需求，还可能对宏观经济长期发展产生深远影响[①]。传染病不仅会对当前经济造成影响，同时，其带来的“多米诺骨牌效应”还将影响部分经济体 3—5 年的经济发展[②]。传染病是影响大国发展进程中长期被忽视的微观变量。传染病暴发具有偶然性，但对大国发展的持续影响却具有必然性[③]。

（2）气候变化对国家经济发展的影响

随着全球气温上升、极端天气事件频发以及生态系统遭到破坏，气候变化对全球经济、国际社会和地缘政治稳定等方面产生了深远影响，进而影响国家复利式发展的实现。首先，气候变化对世界各国的经济社会发展造成了直接和间接的影响。极端天气事件（如暴雨、干旱、飓风等）频繁发生，不仅导致农业受损、食品供应不稳定，还对基础设施和生产活动造成重大破坏，增加了经济成本和财政压力。气候变化同样也威胁到能源安全，比如乌克兰危机后，欧洲能源价格暴涨，对煤炭、石油等传统能源行业和新能源行业发展带来挑战，推动经济结构调整和产业结构升级势在必行。其次，气候变化对社会稳定和公共健康带来一定的影响，气候变化引发的环境问题，如空气污染、水资源匮乏、海平面上升等，直接影响人们的生活品质和健康状况，这可能为某些发展中国家带来潜在的社会不稳定、贫富分化加剧等问题，增加社会治理的难度和成本，削弱国家的社会凝聚

---

① 参见薛熠、王若翰:《公共卫生事件的长期经济影响评估——基于 2003 年 SARS 事件的分析》，载《宏观质量研究》2020 年第 4 期。

② See Hongbin Guo, Michael Li & Zhisheng Shuai, *Global stability of the endemic equilibrium of multigroup SIR epidemic models,* 3 Canadian Applied Mathematics Quarterly259 (2006).

③ 参见王文:《传染病与大国兴衰——基于历史实例的研究》，载《政治学研究》2021 年第 2 期。

力和民生福祉。最后，气候变化也对国家的地缘政治格局和国际关系产生重要影响。资源紧缺、环境恶化和气候变化风险的加剧，可能导致国家间的竞争与冲突加剧，尤其是在水资源、粮食安全等关键领域，不同国家在应对气候变化问题上的行动将直接影响全球治理格局和国际关系格局[①]。

① 参见王文、刘锦涛:《碳中和元年的中国政策与推进状况——全球碳中和背景下的中国发展(上)》，载《金融市场研究》2021 年第 5 期。

第三章

国家复利式发展的中国案例

新中国成立 75 年来，在科技创新、文化繁荣、社会民生等方面取得了举世瞩目的成就。中国从一个贫穷落后的农业国，发展成为世界第二大经济体；特别是党的十八大以来，党中央坚持以人民为中心，全面打赢脱贫攻坚战，历史性地解决了绝对贫困问题，如期全面建成小康社会，人民生活水平全方位提升，扎实迈向共同富裕。中国在新民生、新消费、新制造、新基建、新服务五大领域，积累下了超大规模的物质财富、宝贵的人才资源等，是中国能够在未来持续实现国家复利式发展的保障。

究其根本，中国取得非凡发展成就是多年来对内改革与对外开放共同作用的结果。40 多年来，中国坚定不移推进对外开放，创造出举世瞩目的发展成果，成为 140 多个国家和地区的主要贸易伙伴，货物贸易总额居世界第一；利用外资和对外投资水平均居世界前列，是全球双向投资大国。可以说，对外开放是推动中国经济社会发展的重要动力。同时，对外开放引发的体制变革对中国构建高水平社会主义市场经济体制起到重要的倒逼作用，从而逐渐构建起与现代化产业体系相匹配的经济体制，为实现国家复利式发展创造了良好的制度环境。

在新的发展阶段，面对复杂的国内外环境，中国要想实现经济社会的持续发展，就需要正确认识和把握新的战略机遇，一方面，要进一步扩大高水平对外开放，对接国际高标准经贸规则，加快建立、完善与国际高标准贸易和投资通行规则相互衔接的市场规则制度体系，以促进完善中国国内制度、标准。另一方面，要构建以国内大循环为主体、国内国际双循环相互促进的新发展格局，从而把发展的主导权牢牢掌握在自己手中，并以此不断夯实中国经济发展的根基、增强发展的安全性稳定性，在各种可以预见和难以预见的狂风暴雨、惊涛骇浪中实现高质量发展，确保中华民族伟大复兴进程不被迟滞甚至中断，胜利实现中国式现代化宏伟目标。

（一）中国发展优势和发展成就

高质量发展是中国式现代化的本质要求之一。新中国用过去75年的发展，形成了人才、科技、基础设施等优势。这些优势成为推动实现国家复利式发展的宝贵财富。截至2023年，中国有2.4亿受高等教育人群、6000万工程师群体、50万亿级消费市场；有百万亿元基础设施存量、全球规模最大的高速铁路网络、全球规模最大且覆盖所有村镇的宽带网络基础设施；有占全球40.5%的经世界经济论坛组织遴选的“灯塔工厂”，摘下了一颗颗工业皇冠上的明珠。2022年，在全球高技术及科技密集型制造品出口中，中国占比为18%。我们将聚焦新民生、新消费、新制造、新基建、新服务五大领域，集中展示近年来中国经济社会发展取得的阶段性成果。

1. 新民生

党的二十大报告明确提出，“为民造福是立党为公、执政为民的本质要求。必须坚持在发展中保障和改善民生，鼓励共同奋斗创造美好生活，不断实现人民对美好生活的向往。我们要实现好、维护好、发展好最广大人民根本利益，紧紧抓住人民最关心最直接最现实的利益问题，坚持尽力而为、量力而行，深入群众、深入基层，采取更多惠民生、暖民心举措，着力解决好人民群众急难愁盼问题，健全基本公共服务体系，提高公共服务水平，增强均衡性和可及性，扎实推进共同富裕”。[①] 中国越来越重视基本民生保障与民生改善，2012年以来，中国的民生事业取得巨大成绩，随着未

① 习近平：《高举中国特色社会主义伟大旗帜 为全面建设社会主义现代化国家而团结奋斗——在中国共产党第二十次全国代表大会上的报告》，人民出版社2022年版，第46页。

来更多资源投入民生领域，中国人民的生活水平将再上一个新的台阶，越来越多的人将过上心目中的好日子。

（1）新民生发展成绩斐然

民生是中国政府的最大关切，国之大者在为民。2007 年中央财政“民生清单”诞生以来，各省不断围绕就业增收、住房教育、医疗养老、困难兜底等开展工作。中国每年有近八成财政支出用于民生，2012—2023 年，全国财政对教育、医疗卫生、社会保障和就业三项民生支出金额由 4.1 万亿元升至约 10.4 万亿元（如图 3-1），占全国财政支出比例由 32.6% 升至 37.7%。能够在民生福祉中不断加大投入，正是中国长期和平发展累积的硕果。本部分总结了过去十多年体现人民生活变化的十个片段，为读者描述今日中国之“新民生”。

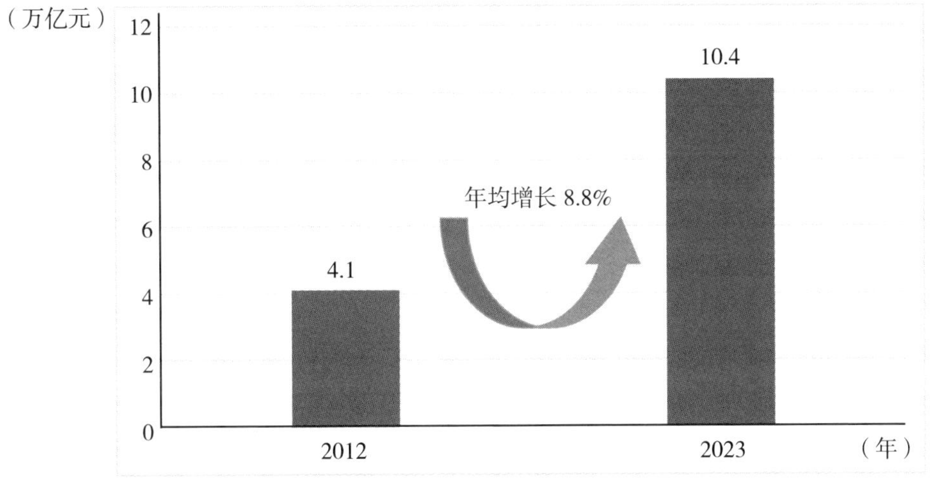

图 3-1　全国财政对教育、医疗、社会保障和就业三项民生支出

数据来源：作者根据国家统计局公布的年度数据绘制。

一是乡村生活火热了。在过去，乡村经常被称为“回不去的乡愁”。近年来，从村村“通水、通气、通路”，到推进户户“通快递、通网络、通清洁能源”，再到“电商助农”“直播助农”农村产业蓬勃发展，直到 2023 年，村 BA、乡村文旅火爆出圈，越来越多的农村老家不再是回不去的乡愁，而是成为大城市生活人群紧张忙碌工作之余寻求心灵庇护的净土与港湾。

表 3–1 部分乡村工作开展时间及取得的成效

时间	标志事件
2013 年	提出“精准扶贫”理念
2014 年	国家邮政局“快递下乡”工程
2015 年	《关于打赢脱贫攻坚战的决定》发布
2017 年	行政村 100% 通邮
2019 年	“电商助农”“直播助农”在各大电商平台兴起
2021 年	打赢脱贫攻坚战，行政村 100% 通宽带
2023 年	村 BA、乡村文旅全线出圈

资料来源：作者根据网站信息整理。

二是小城市内容丰富了。在过去，小城市生活仿佛与大城市天差地别。随着大城市发展外溢，小城市生活全面向大城市看齐，一线品牌商家开到县城，县域商圈蓬勃发展，过年大城市“打工人”可无缝衔接成为“小镇青年”。大城市周边的县市纷纷被纳入都市圈，在县城乘坐轨道交通十几分钟就可以畅达都市核心区。小城市学生可以通过网络看到一线城市名校老师的教学视频，这也在一定程度上弥补了小城市与大城市之间的教育差距。

表 3–2 部分超大城市周边“都市圈”及其相应的“1 小时高铁圈”

部分超大城市周边“都市圈”	出发地	“1 小时高铁圈”最快时间
京津冀一体化	北京	廊坊（21 分钟）、天津（37 分钟）、保定（41 分钟）、雄安（50 分钟）、承德（51 分钟）、沧州（51 分钟）、石家庄（1 小时）、唐山（1 小时 3 分钟）、张家口（1 小时 3 分钟）

续表

部分超大城市周边“都市圈”	出发地	“1 小时高铁圈”最快时间
粤港澳大湾区	广州	佛山（19 分钟）、中山（28 分钟）、深圳（31 分钟）、江门（36 分钟）、韶关（51 分钟）、东莞（56 分钟）、珠海（1 小时 1 分钟）
	深圳	香港西九龙（14 分钟）、东莞（29 分钟）、惠州（41 分钟）
长三角一体化	上海	昆山（16 分钟）、苏州（21 分钟）、嘉善（23 分钟）、太仓（26 分钟）、嘉兴（27 分钟）、无锡（28 分钟）、桐乡（33 分钟）、常州（35 分钟）、海宁（40 分钟）、杭州（45 分钟）、常熟（46 分钟）、张家港（52 分钟）、南京（59 分钟）
长江中游城市群	武汉	鄂州（22 分钟）、咸宁（24 分钟）、黄冈（25 分钟）、孝感（25 分钟）、黄石（36 分钟）、仙桃（41 分钟）
	长沙	株洲（17 分钟）、娄底（30 分钟）、邵阳（50 分钟）、衡阳（37 分钟）、岳阳（33 分钟）、咸宁（58 分钟）
成渝都市圈	成都	资阳（22 分钟）、眉山（31 分钟）、绵阳（37 分钟）、乐山（41 分钟）、内江（41 分钟）、遂宁（57 分钟）、宜宾（1 小时 13 分钟）
	重庆	永川（23 分钟）、长寿（24 分钟）、合川（26 分钟）、大足（27 分钟）、荣昌（30 分钟）、涪陵（38 分钟）、垫江（40 分钟）、潼南（44 分钟）、丰都（54 分钟）

资料来源：作者根据中国铁路 12306 网站信息整理。

三是城乡绿地变多了。人民群众需要健康、舒适的生活环境。过去几年，中国城市公园、绿地数量大幅增加，2012—2022 年，全国公园数量由 11604 个增至 24841 个，增幅超 100%，城市公园绿地面积由 777 亩增至 1303 亩，增幅 68%（如图 3-2）。人们打开手机地图，在城区步行范围内基本能找到公园或绿地。各地打造市内绿地公园、景观跑道、森林步道等，供市民休闲健身、亲近自然。

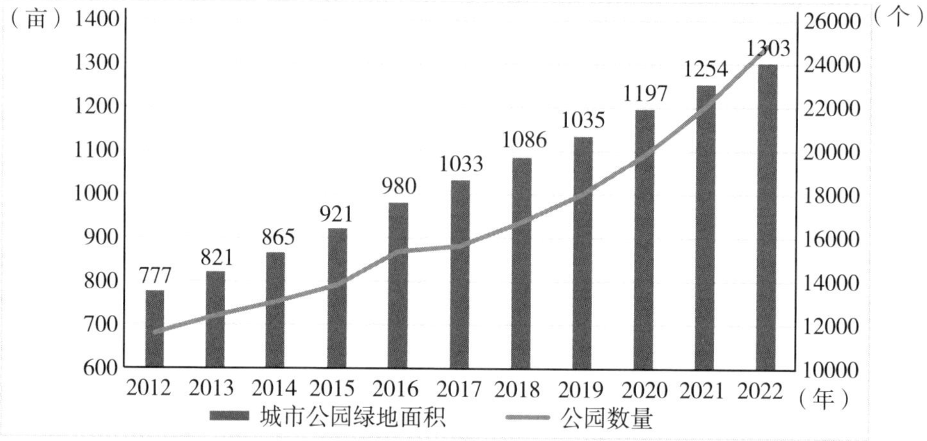

图 3-2 中国城市公园绿地面积与公园数量

数据来源：作者根据国家统计局统计数据绘制。

四是劳动保障在提升。随着网约车、城市快递、家政服务、电商直播等新业态就业人员数量不断增加，其劳动保障问题成为社会关注的焦点。近年来，《新就业形态劳动者休息和劳动报酬权益保障指引》《新就业形态劳动者劳动规则公示指引》《新就业形态劳动者权益维护服务指南》等相继出台，在工资、劳动、休息等方面对平台企业作出规范，多地将新就业形态人员纳入补充工伤保障范畴，为 8400 万新就业形态人员提供更多保障。

五是医疗服务更近了。看病难、看病贵一直是人民群众的“痛点”。随着医疗基础设施与医务人员数量、质量双增长，越来越多的医院在周末开设门诊，越来越多的一线医院的一流医生出现在中小医院或社区门诊中，越来越多的知名专家出现在普通门诊中。在我们统计的上海的 38 家三甲医院中，有 37 家实现周末开诊，其中 18 家周六日全部开诊，所有儿科都能做到周末开诊。北京现有 365 个社区卫生服务中心全部实现周末开诊，并出台文件鼓励医疗机构增设晚间门诊，尽可能缓解上班族就医难题。

六是政事处理更快了。在现场需要长时间的等待叫号曾是居民办理政事的常态。随着网络基础设施的不断完善，多地居住证、社保、一手房本等都能实现在线办理。各地数据显示，网办使得同一件事务的办理时间缩减五至八成，这还没有计算通勤到场所需时间。同时我们也呼吁，应当为特殊群体如 80 岁以上老年群体保留一定数量的现场事项办理窗口，不应让数字化成为影响特殊群体的“鸿沟”。

七是电信诈骗减少了。随着综合国力不断提升，中国能够更加紧密有效地与世界其他国家合作打击跨国违法犯罪。2023 年 9 月以来，中国集中打击涉缅北电诈违法犯罪活动取得决定性成效，缅北电诈“四大家族”全部覆灭。2023 年 8 月到 2024 年 1 月中旬，全国电诈案件同比下降 28.6%。随着打击力度不断提升和大家的防范意识不断提高，电诈或将会在中国逐渐销声匿迹。

八是反腐更加有力了。腐败一直是人民群众深恶痛绝的权力现象。2023 年，金融领域、体育领域、医药领域反腐备受关注，特别是在金融领域。据不完全统计，2023 年，金融领域反腐发现 101 名干部涉嫌违法违纪，其中中管干部 8 人，中央一级党和国家机关、国企和金融单位干部 75 人，省管干部 18 人。人民群众对严打这样的“老虎”“苍蝇”拍手叫好。

九是资本市场监管力度更大了。2022 年 3 月 25 日《中共中央 国务院关于加快建设全国统一大市场的意见》正式发布，提出要“加快发展统一的资本市场”，并“强化重要金融基础设施建设与统筹监管，统一监管标准，健全准入管理”[①]。2024 年 2 月以来，中国证监会为推动资本市场高质量发展数次进行调研与座谈，强调中国证监会的核心任务是保护投资者合法权益。

---

① 《中共中央 国务院关于加快建设全国统一大市场的意见》，载中国政府网，https://www.gov.cn/zhengce/2022-04/10/content_5684385.htm。

2024 年 4 月 4 日《国务院关于加强监管防范风险推动资本市场高质量发展的若干意见》提出了一系列重要举措，不断提高资本市场监管能力和有效性，推动资本市场良好生态加快形成。

表 3–3　2024 年 2 月以来中国证监会推动资本市场高质量发展行动

时间	方式	主题
2024 年 2 月	增强执法	“零容忍”执法，集中处理多名从业人员违法炒股
2024 年 2 月 18—19 日	资本市场监管、防范化解风险、推动资本市场高质量发展系列座谈会	“严之又严抓监管，汇聚合力强信心”“提高上市公司质量，增加投资回报”“以投资者为本”
2024 年 2 月 27 日	资本市场法治建设座谈会	“法治兴则市场兴”

资料来源：作者根据中国证券监督管理委员会网站信息整理。

十是居民负债有改善。过去一段时间，疫情、房价波动等消耗了大量居民储蓄。近两年，随着形势渐渐好转，中国居民现金层面的资产负债率有所改善，根据央行发布的金融统计数据，2023 年全年住户存款增加 16.67 万亿元，住户贷款增加 4.33 万亿元，当年存款净增加 12.34 万亿元；2022 年全年住户存款增加 17.84 万亿元，住户贷款增加 3.83 万亿元，当年存款净增加 8.51 万亿元。经过数十年的高速发展，中国人民的投资与消费更加务实、理性，为未来中国经济高质量发展打下良好基础。

此外，生活有获得感、幸福感、安全感，是世界各国人民最根本的需求。最近这两年，中国经济总量仍在保持增长势头，但人们的感知仿佛有些“麻木”了。其中可能有两方面原因：一方面，社会高速发展使得个体之间的工作生活方式差异迅速拉大，一、二线城市居民与“小镇居民”、不同代际人群难以“感同身受”。另一方面，在当前发展阶段下，中国居民闲

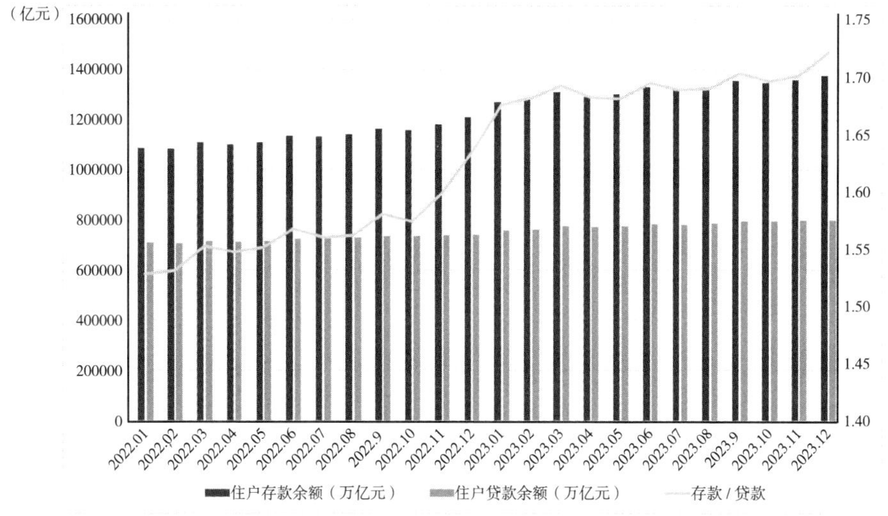

图 3–3 2022—2023 年各月住户部门存贷款余额及比率

数据来源：作者根据中国人民银行相关数据绘制。

暇时间较少，统计局公布的企业就业人员周劳动时间已达 49 个小时，比 2001 年上升 5 小时。国家更加重视维护劳动者合法权益，先后发布《关于协同推进运用“一函两书”制度保障劳动者权益工作的通知》以及相关违法案例，决心不再让欠薪、违法安排超时加班成为居民生活的“痛点”。2024 年春节，绝大部分在外地工作的劳动者都能够提前放假和家人一起度过除夕，这也是全国上下更加重视“民生温度”的体现。

（2）居住就业、医疗教育是民生重中之重

目前中国已成为世界第二大经济体，人均 GDP 不断提升，民生保障更加有力有效。《中华人民共和国国民经济和社会发展第十四个五年规划和 2035 远景目标纲要》明确提出增进民生福祉，提升共建共治共享水平。坚持尽力而为、量力而行，健全基本公共服务体系，加强普惠性、基础性、兜底性民生建设，完善共建共治共享的社会治理制度，制定促进共同富裕行动纲要，自觉主动缩小地区、城乡和收入差距，让发展成果更多更公平惠及全体人民，不断增强人民群众获得感、幸福感、安全感。新时代中国民生事业发展始终延续以人民为中心的发展思想，并落实在政府的具体工作当中。中国在幼有所育、学有所教、劳有所得、病有所医、老有所养、住有所居、弱有所扶上持续用力，人民生活全方位改善，特别体现在与人民生活息息相关的居住、就业、医疗与教育方面。

一是人民群众居住环境得到根本性改善。乡村与城市最贫困居民居住条件都得到极大改善。据统计，2013—2022 年，中国累计改造棚户区住房 4200 万多套，改造农村危房 2400 多万户，城乡居民住房条件明显改善。在农村地区，“出门水泥路，抬脚上客车”、危房改造、易地搬迁、当地产业兴农等多措并举打造宜居村。在城市地区，通过路网改造、新区修建等方式，绝大部分城市面貌焕然一新。民生的提升不仅是吃穿住用行的全面提升，也体现在人们生活环境的根本改善和改观。环境的改善从城市到乡村，新农村彰显了美丽中国建设取得的成就。城市环境治理将雾霾等难啃的硬骨头问题基本解决，碧水蓝天保卫战取得成功。这样的成绩离不开绿色发展理念。人与自然和谐共生成为中国式现代化的重要特征之一。中国主要生态环境指标逐年改善。环境改善得益于中国坚持“绿水青山就是金山银山”的重要理念，坚持山水林田湖草沙一体化保护和系统治理，全方位、全地域、全过程加强生态环境保护。根据生态环境部发布的数据，2013 年，中国 74 个按空气质量新标准监测的城市中，只有海口、舟山、拉萨 3 个城市达到二级标准，其他城市均存在不同程度超标现象，京津冀、长三角、珠三角区域是空气污染相对较重的区域。经过持续的空气污染治理，2023 年全国 339 个地级及以上城市空气质量达标比例为 59.9%，较 2013 年增长了 55.8 个百分点；平均优良天数比例为 85.5%，较 2013 年增长了 25 个百分点。2023 年中国实际监测的 3641 个国家地表水考核断面中，水质优良（Ⅰ—Ⅲ类）断面比例为 89.4%，比 2022 年上升 1.5 个百分点，显著优于 2013 年的 71.7%。

二是中国已经建成世界上规模最大的社会保障体系，就业率保持稳定。2023 年，中国人均预期寿命增长到 78.6 岁。这离不开中国社会保障体系的保驾护航，截至 2023 年末，全国基本养老保险参保人数为 10.7 亿人，比 2013 年增加 2.5 亿人，基本医疗保险参保人数约为 13.34 亿人。按应参人数测算，中国医保参保率保持在 95% 以上。2023 年基本医保、大病保险和医疗救助“三重制度”惠及农村低收入人口就医 1.8 亿余人次，帮助减轻费用负担 1883.5 亿元。经“三重制度”报销后，有近一半的困难群众年度住院医疗费用负担在 1000 元以下。一系列“实打实”的医保举措让参保人成为最直接的受益者；全国参加失业保险人数为 2.44 亿人，比 2013 年增加 0.8 亿人，2023 年末全国领取失业保险金人数 352 万人，全年为 730 万名失业人员发放不同期限的失业保险金；全国参加工伤保险人数为 3.02 亿人，比 2013 年增加约 1 亿人，全国新开工工程建设项目工伤保险参保率达到 99.6%。

2013 年以来，全国城镇新增就业连续保持在 1100 万人以上。2013—2023 年，全国累计实现城镇新增就业超过 1.4 亿人。2023 年城镇新增就业 1244 万人，比上年多增 38 万人。2023 年末，全国就业人员 74041 万人，其中城镇就业人员 47032 万人，占全国就业人员比重为 63.5%。2023 年全国城镇调查失业率平均值为 5.2%，总体保持稳定。

三是中国已经建成世界上规模最大的教育体系。中国基础教育普及水平大幅提高。学前教育实现基本普及。截至 2023 年，全国幼儿园数量达到

27.4 万所，比 2013 年增加 7.6 万所，增长 38.2%。2023 年全国学前三年毛入园率达到 91.1%，比 2013 年提高 23.6 个百分点；九年义务教育巩固率 95.7%，比 2013 年提高 3.4 个百分点，适龄残疾儿童入学率超过 95%；高中阶段毛入学率达 91.8%，比 2013 年提高 5.8 个百分点。中国基础教育普及水平总体达到世界中上行列。中国当前高素质、高技能人才层出不穷，是每年高等教育毕业人数最多的国家。截至 2023 年末，中国接受高等教育的人口超 2.5 亿人，工程师群体超过 6000 万人，这些高素质、高技能人才将成为中国从人口资源大国转向人力资本强国的有力保障。

（3）从政府工作报告看民生保障

2024 年政府工作报告明确提出，“坚持以人民为中心的发展思想，履行好保基本、兜底线职责，采取更多惠民生、暖民心举措，扎实推进共同富裕，促进社会和谐稳定，不断增强人民群众的获得感、幸福感、安全感”[①]。每年的政府工作报告都会高度关注民生，2024 年的政府工作报告针对百姓关心的住用行、教育医疗保险等提出了一系列举措，以回应多群体、多层次的民生需求，是一份有力度、有温度、有分量的“民生报告”。

一是针对群众关心的就业问题，解决年轻人就业难的问题。针对年轻人就业难的问题，政府工作报告明确提出要强化促进青年就业政策举措，扩大新就业形态就业人员职业伤害保障试点等重要举措。

就业是最基本的民生，没有就业就没有收入，没有收入就没有消费，所以就业是民生之本。政府工作报告提出的主要预期目标之一是解决城镇

---

① 李强：《政府工作报告——2024 年 3 月 5 日在第十四届全国人民代表大会第二次会议上》，载中国政府网 2024 年 3 月 12 日，https://www.gov.cn/gongbao/2024/issue_11246/202403/content_6941846.html。

新增就业 1200 万人以上。但中国 2024 年仅高校毕业生预计超过 1170 万人，因此，强化促进青年就业政策举措显得尤为重要。针对结构性矛盾突出、年轻人就业难等问题，政府工作报告提出分类完善灵活就业服务保障措施。

二是针对大家关心的教育问题提出补充其中的薄弱环节。政府工作报告提出，要改善农村寄宿制学校办学条件，持续深化“双减”，推动学前教育普惠发展，加强县域普通高中建设。加快发展新质生产力的关键在于加强教育、人才、科技的循环，培育适合新质生产力发展的人才队伍，因此，政府工作报告提出要实施高等教育综合改革试点。针对线上教育的发展以及人工智能对教育的创新发展，政府工作报告明确提出大力发展数字教育。

三是针对百姓普遍关注的医疗问题提出实际解决方案。政府工作报告明确提出了落实和完善异地就医结算，推动检查检验结果互认。新时代以来，人员跨省工作、居住成为常态，但是医疗却需要回原籍才能报销，这给人员异地就医带来不便，政府工作报告提出，解决就医异地结算问题。而同样的检查结果在不同医院不被认可，还需要重新检查等也是大家普遍反映的问题，政府工作报告明确提出要推动检查检验结果互认。从根本上解决医保跨省结算问题，能够有效帮助解决参保群众异地就医“跑腿垫资”等难题。此外，政府工作报告还提出，将居民医保人均财政补助标准提高 30 元。继续完善国家药品集中采购制度。加强县乡村医疗服务协同联动，扩大基层医疗卫生机构慢性病、常见病用药种类。

四是针对养老问题，政府工作报告提出制度保障和发展策略。中国老龄化问题日趋严峻，这既是民生问题，也是保障问题，还是发展问题。针对几乎所有人都在关注的养老问题，政府工作报告提出，在全国实施个人养老金制度，大力发展银发经济。此外，根据政府工作报告，城乡居民基础养老金月最低标准将提高 20 元，同时继续提高退休人员基本养老金。加大农村养老服务补短板力度。推进建立长期护理保险制度。

从 2022 年 11 月起，个人养老金制度在北京、上海等 36 地实施，通过加大税收优惠力度，不断提升产品吸引力，提高群众参加个人养老制度建设的积极性，在一定程度上满足了居民多样化养老需求。

截至 2023 年底，中国 60 岁以上老年人口接近 3 亿人，甚至超过大多数国家的总人口。这些老年人既需要保障，也需要发展。随着人们生活水平的提升、寿命的延长、收入的增长，老年群体多元化、差异化、个性化的需求孕育着银发经济发展的巨大新机遇。依托人工智能技术的发展，智慧健康养老、养老金融、老年旅游等新兴产业发展速度将得到提升。

五是针对住房难的问题，政府提出解决百姓住房这个重要民生问题。政府工作报告明确提出，要满足居民刚性住房需求和多样化改善性住房需求。随着人们生活水平的提升，解决住房问题，特别是解决刚性住房和改善性住房的问题显得尤为重要。政府工作报告还明确提出，要加快构建房地产发展新模式。加大保障性住房建设和供给，完善商品房相关基础性制度。稳步实施城市更新行动，推进“平急两用”公共基础设施建设和城中村改造，加快完善地下管网，推动解决老旧小区改造，加强无障碍、适老化设施建设。

（4）释放改革的红利，提升民生福祉

党的二十大报告明确提出，“我们要实现好、维护好、发展好最广大人民根本利益，紧紧抓住人民最关心最直接最现实的利益问题，坚持尽力而为、量力而行，深入群众、深入基层，采取更多惠民生、暖民心举措，着力解决好人民群众急难愁盼问题，健全基本公共服务体系，提高公共服务水平，增强均衡性和可及性，扎实推进共同富裕”。[①]

为提升民生福祉，中国正在通过完善分配制度、实施就业优先战略、健全保障体系、推进健康中国建设等举措，提升民生福祉的稳定性、可持续性。

一是完善分配制度。分配制度是促进共同富裕的基础性制度。坚持按劳分配为主体、多种分配方式并存，构建初次分配、再分配、第三次分配协调配套的制度体系。努力提高居民收入在国民收入分配中的比重，提高劳动报酬在初次分配中的比重。坚持多劳多得，鼓励勤劳致富，促进机会公平，增加低收入者收入，扩大中等收入群体。完善按要素分配政策体系，积极探索多种渠道增加中低收入群体要素收入，多渠道增加城乡居民财产性收入。加大税收、社会保障、转移支付等的调节力度。完善个人所得税制度，规范收入分配秩序与财富积累机制，保护合法收入，调节过高收入，严厉打击非法收入。引导、支持有意愿有能力的企业、社会组织和个人积极参与公益慈善事业。

二是实施就业优先战略。就业是最基本的民生。就业是收入的前提，收入是消费的函数。要发展就需要解决好就业问题，要改善民生就需要以就业为保障。强化就业优先政策，健全就业促进机制，确保高质量充分就业。健全就业公共服务体系，完善重点群体就业支持体系，加强困难群体就业兜底帮扶。统筹城乡就业政策体系，破除妨碍劳动力、人才流动的体制和政策弊端，消除影响平等就业的不合理限制和就业歧视，使人人都有

---

① 习近平：《高举中国特色社会主义伟大旗帜 为全面建设社会主义现代化国家而团结奋斗——在中国共产党第二十次全国代表大会上的报告》，人民出版社 2022 年版，第 46 页。

通过勤奋劳动实现自身发展的机会。健全终身职业技能培训制度，推动解决结构性就业矛盾。完善促进创业带动就业的保障制度，支持和规范发展新就业形态。健全劳动法律法规，完善劳动关系协商协调机制及劳动者权益保障制度，强化灵活就业和新就业形态劳动者权益保障。

三是健全社会保障体系。社会主义制度的优越性体现在社会保障，有比其他政治经济制度更为健全的社会保障体系，让所有人都能有保障是社会主义保障体系建设的目标。中国已建成全球最大的社会保障网。社会保障体系是人民生活的安全网和社会运行的稳定器。构建全面覆盖、城乡统筹、公平统一、安全规范、可持续的多层次社会保障体系。完善基本养老保险全国统筹制度，推动多层次、多支柱养老保险体系的发展。实施渐进式延迟法定退休年龄。扩大社会保险覆盖面，健全基本养老、基本医疗保险筹资和待遇调整机制，推动基本医疗保险、失业保险、工伤保险省级统筹。促进多层次医疗保障有序衔接，完善大病保险和医疗救助制度，落实异地就医结算，建立长期护理保险制度，积极发展商业医疗保险。加快完善全国统一的社会保险公共服务平台。健全社保基金保值增值和安全监管体系。健全分层分类的社会救助体系。坚持男女平等基本国策，保障妇女儿童合法权益。完善残疾人社会保障制度和关爱服务体系，促进残疾人事业全面发展。坚持房子是用来住的、不是用来炒的定位，加快建立多主体供给、多渠道保障、租购并举的住房制度。

四是推进健康中国建设。人民健康是民族昌盛和国家强盛的重要标志。把保障人民健康放在优先发展的战略位置，完善人民健康促进政策。优化人口发展战略布局，建立生育支持政策体系切实降低生育、养育、教育成本。积极实施应对人口老龄化国家战略，大力发展养老事业和养老产业，进一步优化孤寡老人服务，确保全体老年人享有基本养老服务。深化医药卫生体制改革，促进医保、医疗、医药协同发展和治理。促进优质医疗资源扩容和区域均衡布局，坚持预防为主，加强重大慢性病健康管理，提高基层防病治病和健康管理能力。深化公立医院改革，坚持以公益性为导向，规范民营医院发展。发展壮大医疗卫生队伍，把工作重点放在农村和社区。重视心理健康和精神卫生。促进中医药传承创新发展。创新医防协同、医防融合机制，健全公共卫生体系，提高重大疫情早发现能力，加强重大疫情防控救治体系和应急能力建设，有效遏制重大传染性疾病传播。深入开展健康中国行动和爱国卫生运动，倡导文明健康生活方式。

此外，在中国式现代化的建设进程中，改善和满足民生，是拉动中国经济增长的重要动力，而且民生的改善，人均收入的提升，中国统一大市场的形成，本身就是对全球的贡献，作为全球最具成长潜力的大市场之一，为全球带来不断增长的需求，正是拉动全球经济不断增长的重要源动力。为此，中国通过新民生带动了全球经济的新增长，并创造了全球经济增长的新动力。

2. 新消费

新消费即新型消费，是指以互联网、数字技术、人工智能、区块链等新一代技术的创新与应用为支撑而形成的一系列消费新业态、新模式、新场景和新服务。近年来，中国以网络购物、移动支付、线上线下融合等新业态新模式为特征的新型消费迅速发展，特别是疫情的暴发，导致传统接触式线下消费受到影响，新型消费发挥了重要作用，有效保障了居民日常生活需要，推动了国内消费恢复，促进了经济企稳回升。近一年来，各级政府出台了促进新型消费的一揽子政策举措，形成推动新型消费市场发展壮大的政策“组合拳”，显著增强了对经济增长的拉动作用。其中，服务消费发挥引领消费复苏的“龙头”作用，线上消费和数字消费创新保持活跃，智能化、绿色化带动商品消费加快升级，不同消费群体呈现出差异化的消费诉求，同时，也折射出中国经济的活力，新型消费正不断重塑消费结构、释放消费潜力。近期，设备更新、以旧换新和降低物流成本等措施将开启新一轮消费周期，进一步促进消费领域实现复利式发展。

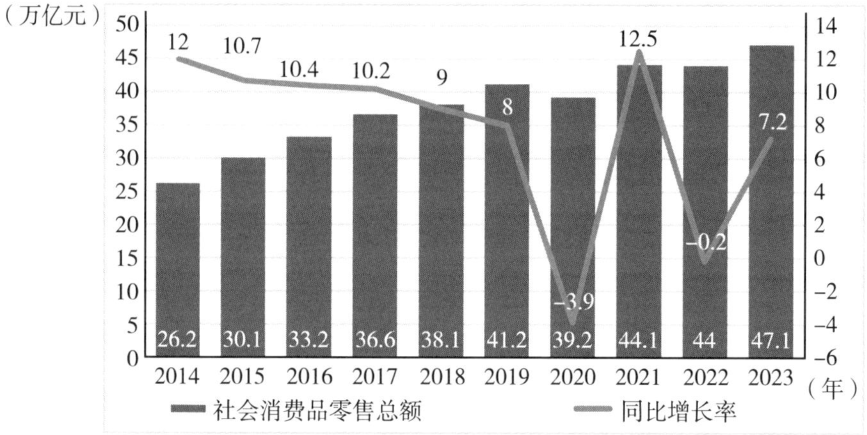

图 3-4　2014—2023 年中国社会消费品零售总额及变化情况

数据来源：作者根据国家统计局年度数据绘制。

（1）数字消费已成为经济新旧动能转换的巨大推动力之一。以网络购物为例，自 2010 年以来，中国网络购物进入持续快速增长阶段。2023 年，网上零售额达到 15.4 万亿元（如图 3-5），增长 11%，占社会消费品零售总额的比重为 32.73%，其中，实物商品网上零售额突破 13 万亿元，增长 8.4%，高于社会消费品零售总额的增长（7.2%）。网购已经成为中国居民日常消费的重要方式。中国网络购物的发展速度与规模已远超主要发达国家，如美国网络购物虽然比中国起步早，但网络购物零售额占比仅为 15.1%。2024 年，政府工作报告将“优化供给”作为激发消费潜能的重点措施之一。

随着数字技术向消费领域广泛渗透，数字化消费拓展了消费覆盖区域、服务人群。

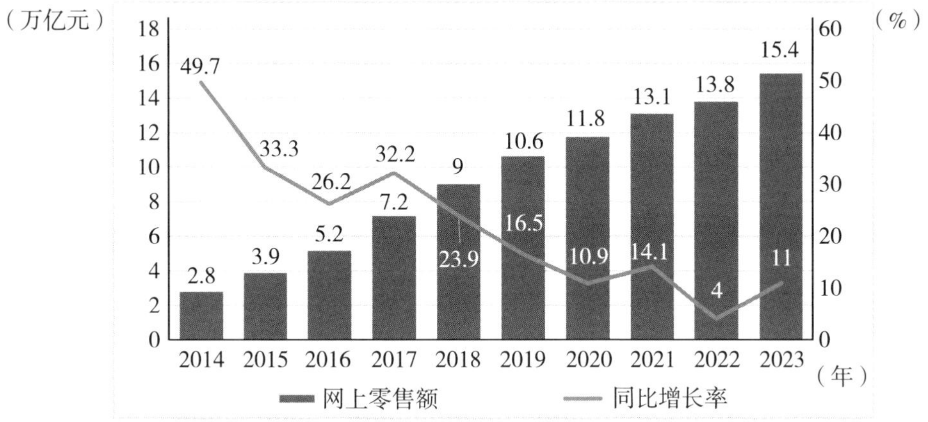

图 3-5　2014—2023 年中国网上零售额及变化情况

数据来源：作者根据国家统计局年度数据绘制。

（2）会展经济促进商贸消费迸发新活力。2023 年初，线下贸易展会全面恢复，中国国际消博会、服贸会、广交会、进博会、链博会等重大展会也如约而至，来自世界各地的展商纷纷来华参展，展示全球好物。仅 2023 年前三个季度，境内专业场馆共举办各类展会 3248 场，同比增长 1.8 倍，与 2019 年同期相比增长 32.4%。各类展会取得丰硕成果，第 134 届广交会线下出口成交 223 亿美元，2023 年服贸会共达成成果 1100 余项，线下参展企业国际化率超过 20%，第六届进博会按年计意向成交创历届新高，金额达 784.1 亿美元，各种会展活动营造浓厚消费氛围，打通消费领域堵点和难点，进一步促进了消费市场的繁荣。

（3）说走就走的“微旅行”成为旅游消费新趋势。游客对于旅游的需求已经从简单的观光旅游升级为追求品质和特色的深度游。从 2022 年火爆的村 BA 到 2023 年哈尔滨出圈，再到 2024 年的春节长假旅游出游 4.74 亿人次，鲜活滚烫的数字背后是热闹红火的消费场景。在社交媒体时代，每个人都是城市的“推荐官”，许多原本鲜为人知的“宝藏城市”都是由自媒体推送裂变式传播出圈的。无论是“进淄赶考”还是“尔滨滑雪”，自媒体都在其中发挥了重要作用。

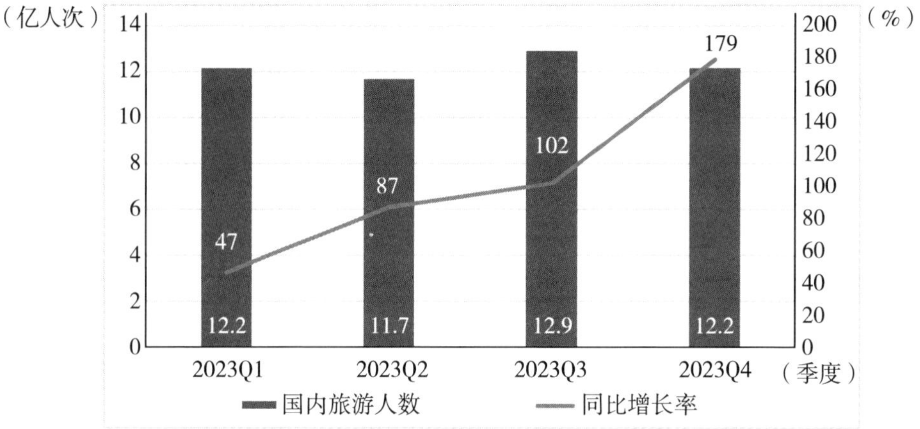

图 3-6　2023 年各季度国内旅游人数及变化情况

数据来源：作者根据国家统计局季度数据绘制。

（4）营业性演出是消费支出的重要组成部分。随着疫情防控平稳转段，文化娱乐活动逐步恢复，居民人均教育文化娱乐消费支出同步增加。据统计，2023 年前三季度，全国营业性演出场次达 34.24 万场，较去年同期增长 278.76%；演出票房收入 315.41 亿元，较去年同期增长 453.74%。越来越多的城市在促进演出经济发展的同时，丰富了城市消费新业态。

（5）电影市场繁荣是服务型新消费的一个缩影。2023 年中国电影总票房达 549.15 亿元，其中国产影片票房占比 83.77%，创历史新高，2024 年春节档电影票房已突破 80 亿元，这一数字不仅表明观众对于文化产品的需求持续增长，也反映出中国电影产业的强劲势头。电影的多元题材、精彩纷呈，让观众在节日期间享受到了视觉与心灵的双重盛宴。

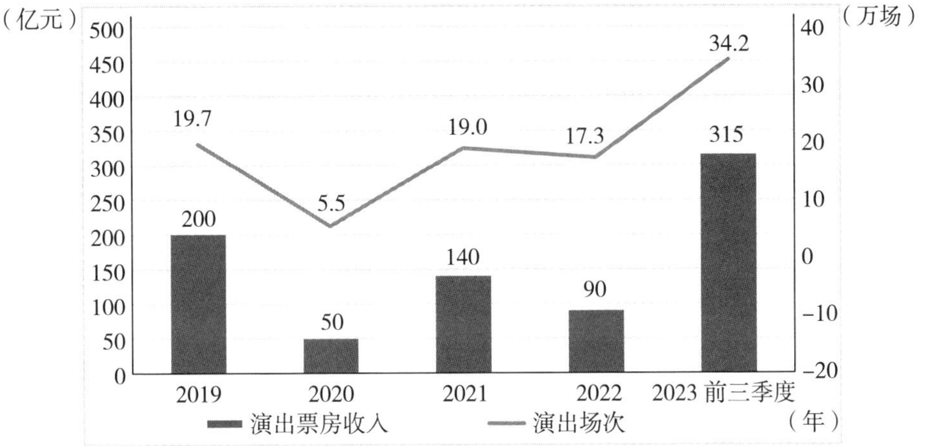

图 3-7　2019—2023 年前三季度全国营业性演出票房收入与演出场次

数据来源：作者根据国家统计局统计数据绘制。

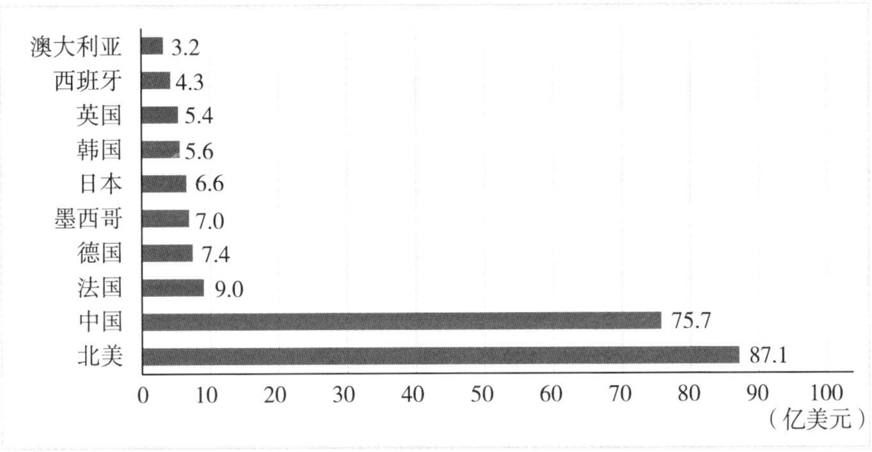

图 3-8　2023 年全球主要电影市场年度票房

数据来源：作者根据国家电影专资办、各国影视相关机构数据绘制。

（6）绿色消费顺应节能减排大趋势，加快产业结构转型升级。2020 年，中国提出“双碳”目标，力争 2030 年前二氧化碳排放达到峰值，2060 年前实现碳中和。党的二十大报告将“双碳”目标纳入“人与自然和谐共生”的现代化的总体目标之下，即“双碳”工作应与生态环境保护和经济建设工作以及实现中国式现代化的目标统一起来，并提出倡导绿色消费，推动形成绿色低碳的生产方式和生活方式。绿色消费是绿色生活方式的重要组成部分，是绿色低碳发展的必然选择。积极促进绿色消费，培育绿色消费理念，树立可持续的消费观，不仅是推动经济高质量发展的内在要求，更是实现碳达峰碳中和目标不可或缺的重要支撑。

在政策的引导支持下，绿色转型在消费生产各个领域快速推进。中国新能源汽车、锂电池、光伏等绿色低碳产业实现爆发式增长，成为中国出口“新三样”，大力增强绿色产品供给、培育壮大绿色消费，为经济高质量发展提供了强大绿色发展动能。2023 年 11 月，工业和信息化部公示了“绿色制造名单”，其中绿色工厂 1488 家，绿色工业园区 104 家，绿色供应链管理企业 205 家。截至目前，中国绿色工厂已超 5000 家。数据显示，2023 年，中国汽车销量突破 3000 万辆，其中新能源汽车产量与销量分别达到 958.7 万辆和 949.5 万辆，创历史新高，同比分别增长 35.8% 和 37.9%（如图 3-9），产销量占全球比重超过 60%，市场占有率达到 31.6%。众多新能源车企的电动汽车交付量同比增速超过 100%。2024 年政府工作报告指出，鼓励和推动消费品以旧换新（重点是节能减排），提振智能网联新能源汽车、电子产品等大宗消费。

（7）健康消费需求扩大，智能化不断拓展医疗服务。一方面，人口结构“老龄化”加深将带来健康消费方面支出的增加。国家统计局数据显示，2023 年末 60 岁及以上人口已占全国人口的 21.1%，意味着中国迈进中度老龄化社会；据国家卫生健康委测算，2035 年左右，中国 60 岁及以上老年人口将突破 4 亿人，在总人口中的占比将超过 30%。这意味着医疗、健康、护理等方面的消费需求将快速增加。另一方面，数字化时代下，医疗健康服务也不断拓展。智慧医疗、互联网医院快速发展，催生了医疗机构、药品生产经营企业、保险公司及信息技术服务商等多方共同参与的“互联网+医药”消费新模式新生态。近年来，线上医疗健康服务的用户数量在快速增长。根据中国互联网络信息中心的数据，截至2023年6月，中国互联网医疗用户规模高达3.64亿人，较去年同期增加约6400万人，占网民整体比重上升至33.8%。

图3-9　2013—2023年新能源汽车销量及增长情况

数据来源：作者根据中国汽车工业协会统计数据绘制。

目前，以消费为主导的内需发展格局基本形成，消费对经济增长的拉动作用进一步增强。2024年，促消费仍然是中国扩内需、稳增长的重要举措。

3. 新制造

制造业是强国之基，尤其是先进制造业。目前，中国制造业总体规模连续14年位居全球第一，220多种工业产品产量居全球首位。制造业规模的不断扩大与技术的持续升级共同为实现国家复利式发展提供力量支撑。近年来，中国重大创新成果不断涌现，各方共同推动产业结构加快升级，促使中国制造向全球制造业的价值链高端不断跃进。在新发展格局下，2023年一批高端化、智能化、绿色化转型支柱产业快速崛起，制造业增加值占全球比重约30%。

（1）“灯塔工厂”引领传统产业转型升级

“灯塔工厂”被誉为“世界上最先进的工厂”，代表全球智能制造顶级实力以及工业领域数字化最高水平。截至2023年底，中国已累计建成62家“灯塔工厂”，占全球总数的40.52%，仅2023年中国就新增11家制造业“灯塔工厂”，涵盖了新能源、家电、钢铁等多个行业①。中国能够取得如此亮眼成绩，反映出中国在制造业领域的强大实力和竞争力。这些“灯塔工厂”不仅自身具备优秀的生产能力，而且通过其示范和引领作用，带动产业链上下游企业实现自动化、数字化、智能化发展，从而全面提升新型工业化整体水平。

例如，在家电领域，作为国内拥有最多“灯塔工厂”的企业，海尔集团从2017年正式成立卡奥斯COSMOPlat工业互联网平台。该平台对内赋能海尔集团打造了8座“灯塔工厂”，对外通过“大企业共建，中小企业共享”的生态赋能模式，正在不断地向其他行业企业提供数字化解决方案。目前，该平台已链接企业90万家，赋能企业15.8万家。

在新能源领域，全球锂电行业仅有的3座“灯塔工厂”，全部来自宁德时代。宁德时代总部基地运用“人工智能、大数据、云计算、数字孪生、边缘计算、射频技术、5G工业互联网”七大智能制造使能技术，建立了极限制造体系架构，打造了以智能制造平台为核心，多平台、多系统深度交互的工业化和信息化融合生态平台，支撑极限制造目标的实现。

在服装制造领域，犀牛智造依托阿里巴巴的云计算、物联网、人工智

① 参见《中国“灯塔工厂”领跑全球》，载澎湃网2024年2月29日，https://www.thepaper.cn/newsDetail_forward_26507121。

能等技术，打造数字化平台和完整的智能制造生态体系，形成了小单起订、快速反应的柔性制造模式，为平台上的中小企业和制造工厂提供了模式范例。

总而言之，近年来，中国不断推动制造业数字化、智能化转型升级，发展以“灯塔工厂”为代表的先进制造业集群，助推“中国制造”向“中国智造”“中国创造”转型。

（2）“新三样”出口首破万亿元，产品出海转向产业链出海

在全球经济增长动能不足的大背景下，“新三样”（新能源汽车、锂电池、光伏）出口表现亮眼。据海关统计，2023 年，“新三样”产品合计出口 1.06 万亿元，首次突破万亿元大关，增长 29.9%[①]。最明显的特征是企业“走出去”开始由“产品出口”向“产业链出海”过渡，初步具备强大的全球资源配置能力。

以新能源汽车为例，目前新能源汽车产业正在加速全球生产布局，龙头车企与零部件厂商已开始“组团”将生产链条布局到全球，海外基础设施建设参与度不断提高。譬如，比亚迪将海外出口市场定位从大洋洲、欧洲与东南亚扩大至南亚、中亚、西亚与非洲等地，将电机电池等技术成果传递给上游企业。新能源企业“出海”，已从单纯的输出产品转变为海外布局制造工厂。这一转变能够实现中国技术向外扩散、由低附加值产能向高附加值产能转化，有利于中国企业海外汽车产业链。数据显示，2023 年中国新能源汽车产销量占全球比重超过 60%，其中出口 120.3 万辆，同比增长 77.2%（如图 3-10）。

---

① 参见《海关总署：2023 年“新三样”产品出口首次突破万亿元大关 增长 29.9%》，载中国网 2024 年 1 月 12 日，https://baijiahao.baidu.com/s?id=1787854359828658295&wfr=spider&for=pc。

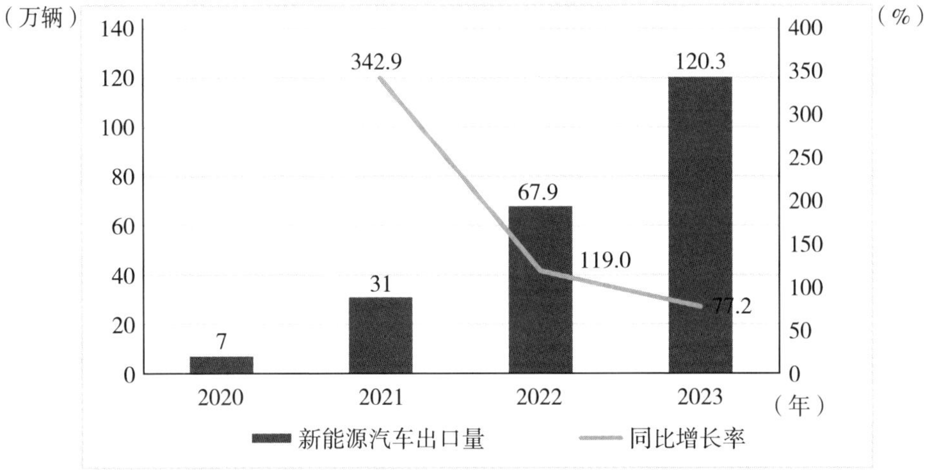

图 3-10　2020—2023 年中国新能源汽车出口情况

数据来源：作者根据中国汽车工业协会统计数据绘制。

光伏产业方面，20 余年来，在国家政策引导与技术革新驱动的双重作用下，中国光伏行业实现了从无到有、从有到强的跨越式发展，建立了完整的产业链和产业配套项目，已经成为中国重要的参与国际竞争并达到国际领先水平的战略性新兴产业。

2023 年，中国光伏制造业（不含逆变器）产值超过 1.75 万亿元，同比增长 17.1%，其中多晶硅、硅片、电池片、组件等产量产能的全球占比均达 80% 以上，产业规模进一步增长①。2023 年，中国光伏主材（硅片、电池、组件）出口实现 490.66 亿美元（如图 3-11），累计出口超过 2000 多亿美元。光伏龙头企业大力开拓海外市场，带动产业链上下游企业纷纷出海建厂，相关企业也从过去单纯输出产品，过渡到提供生产、管理、品牌、服务，推动市场模式从“中国造、全球卖”向“全球造、全球卖”转变。

① 参见《2023 年全国光伏制造行业运行情况》，载中华人民共和国工业和信息化部网站 2024 年 2 月 28 日，https://wap.miit.gov.cn/jgsj/dzs/gzdt/art/2024/art_23c220a8b3b34340851632dfae47a34e.html。

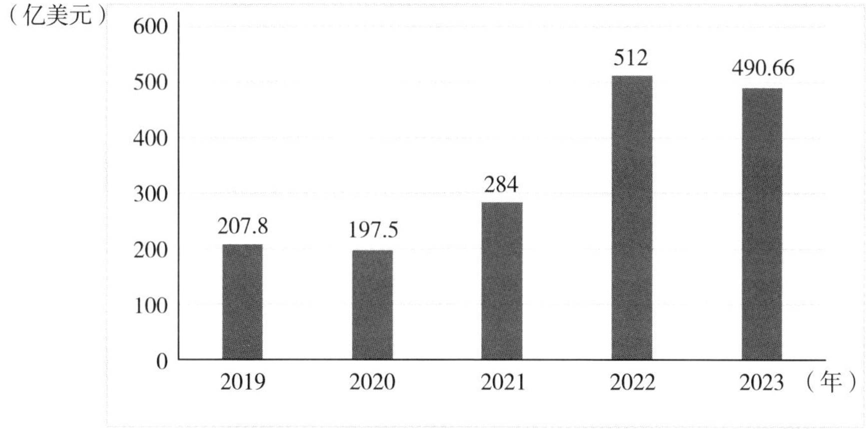

图 3-11 2019—2023 年中国光伏产品出口情况

数据来源：作者根据中国海关数据绘制。

锂电池方面，站在全球视角上，过去几年，中国动力电池及产业链受益于中国本土蓬勃发展的新能源汽车市场，通过持续的技术创新和产能扩张形成了技术、成本优势，并通过产业链上下游深度合作形成产业集群。如今，中国动力电池企业在国内电池市场占据主导地位，并在海外市场占据一席之地。

2023 年中国锂离子电池产业延续增长态势，根据锂电池行业规范公告企业信息和行业协会测算，全国锂电池总产量超过 940GWh，同比增长 25%，行业总产值超过 1.4 万亿元[①]。从技术水平来看，根据中国汽车工业协会公布的数据，中国申请的动力电池专利占据了全球的 74%，已成为驱动电机最大的生产国[②]。

从全球竞争情况来看，全球动力电池竞争格局正悄然变化，从最早的

---

① 参见《2023 年我国锂离子电池产量同比增长 25%》，载新华网，http://finance.people.com.cn/n1/2024/0305/c1004-40188762.html。

② 参见《首次突破 3000 万辆 2023 年我国汽车产销创历史新高》，载人民网，http://finance.people.com.cn/n1/2024/0111/c1004-40157045.html。

“三国混战”（中国、韩国、日本三国企业平分秋色）逐渐转向“中韩争霸”。从图 3-12 可知，2023 年全球动力电池装机量前十位的企业中，中国企业占据六席，市场份额达到 63.5%，韩国三强的市场占有率合计 23.1%，日本的松下市场占有率仅为 6.4%。

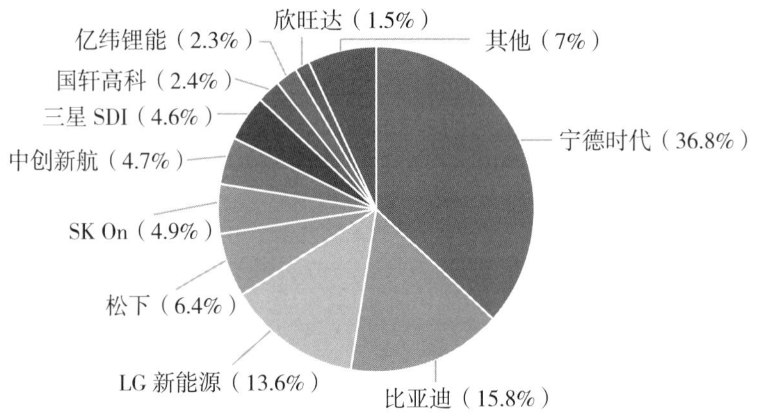

图 3-12　2023 年全球动力电池装机量市场占有率 TOP10

数据来源：作者根据全球咨询机构 SNE research 统计数据绘制。

（3）科技产业自主研发、国产化替代加速提升

2018 年，《科技日报》持续三个月推出系列文章，梳理了制约中国工业发展的 35 项“卡脖子”技术，包括芯片、操作系统、触觉传感器、真空蒸镀机、医学影像设备元器件等，涉及多个领域，引起社会的广泛关注与讨论。经逐项检索公开资料，对比权威信息，目前中国至少已经攻破了 21 项关键技术，其他技术正在攻关或因其他原因而尚未完全公开，可以说，中

国自主研发取得了巨大进步[①]。

2022年9月，中央全面深化改革委员会第二十七次会议审议通过了《关于健全社会主义市场经济条件下关键核心技术攻关新型举国体制的意见》，强调强化国家战略科技力量，提升科技攻关体系化能力[②]。

为破解“卡脖子”难题，国家一直强调关键核心技术的重要性，出台相关政策文件，并着力提高科技创新能力，企业也纷纷付诸行动。

以华为为例，近年来华为通过订单扶持、资金扶持和技术扶持，与国内产业链上下游企业开展深度合作，打造国产化供应链，共同推动产业发展，成为中国制造向中国创造转变的一个缩影。从华为Mate系列手机观察发现，Mate系列手机国产化率由2019年Mate30的30%提升到了2023年Mate60系列的90%。在制造端，Mate60系列手机的供应链中至少有79家供应商来自中国，从电池到芯片再到软件，从屏幕到机身再到其他零部件，都有国产供应商的身影。在消费端，消费者称Mate60为“争气机”，刚发布时一机难求，甚至在平台上溢价上千元，消费者的购机热情依然不减。

更重要的是，Mate60通过自主研发突破了芯片封锁，打破了国产手机行业的沉寂。这股自主研发的浪潮将覆盖消费电子领域、新能源领域，直至渗透所有科技领域。这才是中国制造的未来。

（4）造船业市场份额稳居世界第一，产业“联动”作用凸显

造船业是资本、技术和劳动力融合的密集型产业。第二次世界大战后，亚洲逐渐成为全球造船中心。1994年，中国首次超过德国，成为世界

---

① 参见《五年过去了，你知道35项“卡脖子”技术我们攻破了多少项吗？》，载中国青年网，https://finance.youth.cn/finance_gdxw/202306/t20230608_14572443.htm。

② 参见李锋：《健全关键核心技术攻关新型举国体制》，载《光明日报》2022年09月30日，第2版。

造船第三大国，仅次于日本和韩国，这一时期，船舶工业也成了出口创汇的支柱产业之一。2010 年，中国造船业的完工量、新接订单、手持订单首次超过日韩，并且连续霸榜多年。2023 年，中国造船业完工量、新接订单量、手持订单量以载重吨计分别占世界总量的 50.2%、66.6% 和 55%（如图 3-13），国际市场份额首次全部超过 50%，连续 14 年位居世界第一，造船大国地位进一步巩固①。在市场份额扩张的同时，中国在绿色船舶、智能船舶等关键领域研发出一批技术领先、性能优异的新船型，技术指标、排放指标和经济性指标均达到世界先进水平，契合船运未来发展方向。

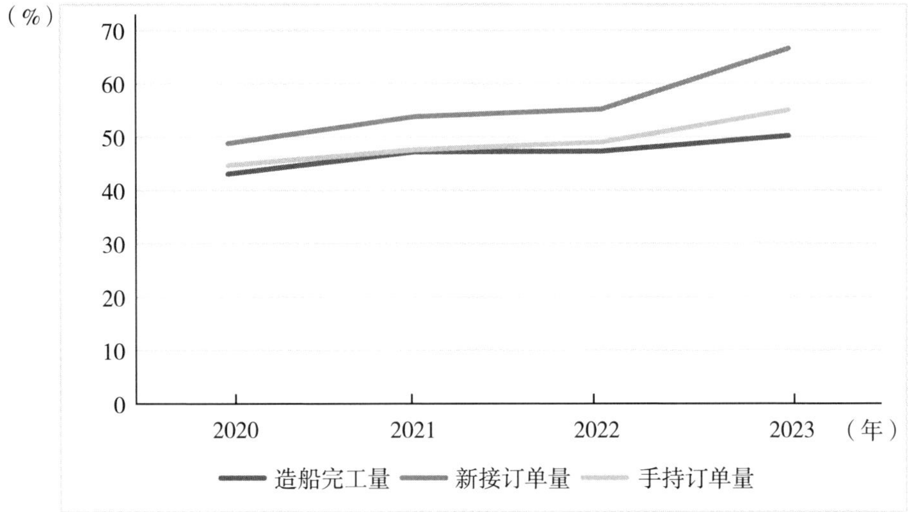

图 3-13　2020—2023 年中国造船业三大指标的世界市场份额

数据来源：作者根据工业和信息化部公布数据绘制。

目前，中国已经具备船海产品全谱系总装建造能力，这也意味着所有船型中国都能建造。全球 18 种主要船型中，中国已有 14 种船型新接订单

① 参见《2023 年我国造船三大指标同步增长 国际市场份额保持全球领先》，载中华人民共和国工业和信息化部网站 2024 年 1 月 15 日，https://wap.miit.gov.cn/jgsj/zbes/cbgy/art/2024/art_76e76e1b9b814a7d9adfda0a2203f198.html。

位列全球第一，干散货船、油轮、集装箱船和汽车运输船新接订单量分别占全球总量的 79.6%、72.1%、47.8% 和 82.7%[①]。同时，中国新接绿色动力船舶订单占国际市场的份额达到 57%。

以液化天然气船（简称 LNG 运输船）为例，其市场曾被韩国垄断，但在 2022 年，中国 LNG 运输船占据了 30% 的市场份额。另从大型邮轮来看，大型邮轮一直以来被欧洲造船厂垄断，而国产首艘大型邮轮爱达·魔都号在 2023 年下水，打破了被欧洲垄断 100 多年的邮轮产业，中国成为第五个可以独立建造邮轮的国家。其突破性意义在于，这艘由 2500 万个零部件组成的庞然大物带动了材料、零部件、设备系统的研发与建造，促进了大量企业的分工与合作，充分发挥了国产大型邮轮产业链的“链长”作用，有力带动了相关产业的协同发展。

但也应该看到，当前韩国造船企业所获订单中，LNG 运输船、液化石油气运输船、大型化学品船、大型集装箱船等技术含量高的船型占比约九成，牢牢把握着造船业价值链高端。

相比之下，中国同期承接订单中的 LNG 运输船、大型集装箱船、油轮以及汽车运输船等高附加值船型占比仅约四成，而技术含量略低的干散货船占比超过三成，可以说，中国造船产业在造船业价值链中仍有较大提升空间。

（5）高端装备打造“中国制造”新名片，民营航天异军突起

高端装备产业是制造业的高端领域，技术含量高，处于价值链的高端和产业链的核心环节，是现代产业体系的脊梁。加速发展高端装备产业，

---

① 参见《我国 14 种船型新接订单量位列全球第一》，载中国经济网，http://www.ce.cn/xwzx/gnsz/gdxw/202401/15/t20240115_38867413.shtml。

是中国由制造大国向制造强国转变的重要途径。

近年来，中国高端装备产业取得了快速发展。国家先后发布了《国务院关于加快培育和发展战略性新兴产业的决定》《工业转型升级规划（2011—2015年）》《中国制造2025》《“十三五”国家战略性新兴产业发展规划》《高端智能再制造行动计划（2018—2020年）》等文件。

随着国家政策的支持和国内外市场需求的推动，中国高端装备制造业不断输出先进生产力，以“新”赋能千行百业，推动中国制造业向“新”发力。2022年中国高端装备制造业产值规模达21.33万亿元（如图3-14）。

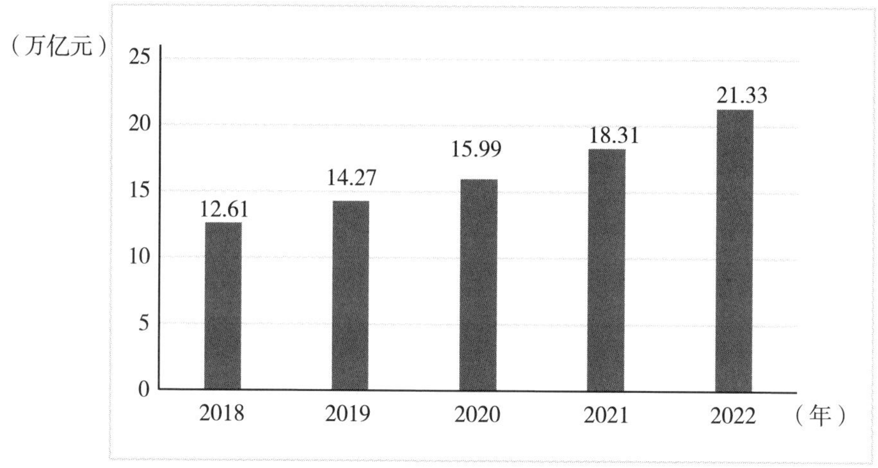

图3-14　2018—2022年中国高端装备制造业产值

数据来源：作者根据工业和信息化部统计数据绘制。

与此同时，随着配套产业的完善，中国高端装备制造业已形成环渤海、长三角、珠三角和中西部等多个产业集聚区[①]，现代化产业体系建设取得新进展。2023年，中国高技术制造业、装备制造业占规模以上工业增加值比

① 参见《锻造科创硬核力量 高端装备闯出创新发展新路径》，载新华网，http://www.news.cn/2023-08/14/c_1212255763.htm。

重分别升至 15.7%、33.6%。

以航空航天产业为例，2014 年《国务院关于创新重点领域投融资机制鼓励社会资本的指导意见》出台，首次鼓励民间资本参与国家民用空间基础设施建设[①]。2015 年，《国家民用空间基础设施中长期发展规划（2015—2025 年）》进一步明确提出鼓励民营企业发展商业航天。2021 年，星际探测、重型火箭写入“十四五”规划和 2035 年远景目标纲要。

短短 10 年的时间，中国的商业航天企业如雨后春笋般出现，如星河动力、蓝箭航天、天兵科技已成长为行业翘楚，并在卫星和火箭研制等方面取得了一定的成绩。2020 年起，民营商业航天产业步入了黄金发展阶段，市场规模持续扩大，技术实力日益增强，国际竞争力不断提升。2024 年政府工作报告明确提出要积极打造商业航天等新增长引擎[②]，政策导向更加突出。

数据显示，2023 年中国共完成 67 次火箭发射，仅次于美国，占全球火箭发射次数的 30%。其中，最鲜明的特点是中国民营航天异军突起。据不完全统计，全年进行了 26 次与商业航天有关的宇航发射活动[③]。商业航天发展势头迅猛，应用需求正向民用消费级需求扩展，卫星面向大众消费的时代来临。航天产品对工艺和材料都有极高要求，在满足新的商业航天需求的产品交付过程中，有不断与地面工业相融合的发展趋势，对经济社会发

① 参见《国务院关于创新重点领域投融资机制鼓励社会投资的指导意见》，载中国政府网，https://www.gov.cn/zhengce/content/2014-11/26/content_9260.htm。

② 参见李强：《政府工作报告——2024 年 3 月 5 日在第十四届全国人民代表大会第二次会议上》，载中国政府网 2024 年 3 月 12 日，https://www.gov.cn/gongbao/2024/issue_11246/202403/content_6941846.html。

③ 参见《春天里的“预”见》，载新华网 2024 年 4 月 18 日，https://baijiahao.baidu.com/s?id=1796633962487216463&wfr=spider&for=pc。

展具有带动作用。

与此同时，中国航天积极参与“一带一路”建设，致力于搭建“太空丝路”，为合作伙伴培养本土航天人才，推动航天技术转让，建设当地航天器研制基础设施。中国和埃及航天合作就是这种形式的典范。

除此之外，近年来，中国一批标志性国产高端装备接连取得突破，大国重器频频“上新”。以盾构机为例，1995 年，中国首次引进了德国盾构机技术。经过 20 多年的发展，中国盾构机经历了从起步到不断前行，再到成为全球领先的过程，实现了完美逆袭。截至 2023 年，中国盾构机订单总数超过 5000 台，已出厂超过 4500 台，出口海外约 40 个国家和地区，在全球市场占比达 70%，未来还将有不小的增长空间。其他如特高压输变电装备超百万伏特，首座深远海浮式风电平台成功并网发电等都将成为未来的大国重器，将打造更多“中国制造”的新名片。

4. 新基建

国家复利式发展的实现，关键在于主体的持续获利能力能够得到可靠保障。在数字经济时代已是大势所趋的背景下，新型基础设施建设（以下简称新基建）正为复利式发展的实现持续赋能。2018 年以来，中国的新基建已在 5G 基站建设、特高压、城际高速铁路和城市轨道交通、新能源汽车充电桩、大数据中心、人工智能、工业互联网七大领域集中发力。新基建不仅是推动中国经济发展的新引擎，也为产业发展开辟了广阔空间。

（1）万物智联的数字生态正在形成，5G 建设提速又“提现”

2024 年是 5G 技术进入商业应用的第五个年头。由中国信息通信研究院等机构发布的《5G 应用创新发展白皮书》显示，当前中国 5G 技术正日渐成熟，5G 应用发展已迈入新阶段。5G 技术投入商用后，实现了对质检、运维、研发设计、生产制造、运维管理、产品服务等全环节的覆盖，万物智联的数字生态正加速形成。以5G赋能无人驾驶技术为例，当5G技术和自动驾驶结合后，自动驾驶能够更及时、更快速地获得相应的路况变化以及指令改变，将会大大降低事故率，保障行车的安全性。5G技术的到来也让自动驾驶的通讯传输成为可能，5G的速度高达500km/h（310mph）时会伴随1ms的超低时延，同时具有20Gbps的高峰值速率，足以支撑自动驾驶在城市间的需求[①]。截至2023年底，中国已建成全球规模最大、技术领先的5G网络，5G基站总数达337.7万个，5G移动电话用户达8.05亿户[②]。受益于5G网络大带宽、低延迟的技术特性，短视频首屏时延在5G网络下比4G网络降低了25%，5G网络同时较明显地改善了移动端的视频观看体验。5G技术带来的不仅是网络提速，还是新的经济增长点，它助力中国继续稳居全球第一大网络零售市场的地位。

（2）特高压电力输送进入“5G”时代，“西电东送”实现高效破题

电力的持续稳定供应，是现代社会稳定运行的基础保障。从计划性停电，到间歇性停电，再到停电成为罕见事，居民用电与企业用电正因特高压电网建设发生翻天覆地的变化。作为目前全球最先进的输电技术，特高压输送具备容量大、传输距离远、运行效率高和输电损耗低等显著优势。特高压输电技术不仅有利于解决中国电力跨区域远距离输送的难题，也为大规模开发西部风光水可再生能源创造了条件，是中国能源革命的标志性技术成果和中国先进生产力发展的重大突破。截至2023年底，中国国家电网累计建

---

① 参见《全国首发！5G网络标准发布，自动驾驶进入快车道》，载维科网2023年8月30日，https://nev.ofweek.com/2023-08/ART-77015-8140-30608791.html。

② 参见《我国5G基站总数超337万个 5G移动电话用户达8.05亿户》，载中国政府网2024年2月18日，https://www.gov.cn/lianbo/bumen/202402/content_6931704.htm。

成“19 交 16 直”35 项特高压工程，在运、在建特高压工程线路长度约 5.6 万公里，极大地提升了中国电网远距离输电能力[①]。中国电网目前已成为世界上输电能力最强、规模最大的电网，跨区跨省输电能力超 3 亿千瓦。借助特高压技术，通过“宁电入湘”工程，相隔 1600 公里的宁夏和湖南被紧密联系起来，湖南的民众也可以用上宁夏生产的电，中国“西电东送、北电南供、水火互济、风光互补”的能源运输结构已初具规模。从电力可靠性来看，2023 年，在用电负荷屡创新高、新能源占比不断提升的情况下，长三角、珠三角、京津冀用电城市的全口径供电可靠率超 99.99%，用户平均停电时间低于 1 小时 / 户，部分城市的全口径供电可靠率超 99.995%，用户平均停电时间已低于 0.5 小时 / 户，优于纽约、洛杉矶、巴黎等国际知名城市[②]。其中北京、上海、杭州、南京、深圳、广州等城市核心区的用户平均停电时间已进入分钟级，达到东京、新加坡等国际一流城市水平。

（3）充电桩建成数量显著增加，新能源车出行日渐无忧

国内民众购买新能源汽车的热情日益高涨，这与充电设施规模的迅速扩大密不可分。国家能源局数据显示，截至 2024 年 5 月底，中国充电基础设施总量达 992 万台，同比增长 56%，其中公共充电桩达 305 万台[③]。广东、广西、海南、江苏、湖北等 12 个省份已经实现了充电站的“县县全覆盖”、充电桩的“乡乡全覆盖”。中国已建成全球充电基础设施数量最多、辐射面积最大的基础设施体系，远超欧洲与美国。

---

① 参见《新能源产业迈向高端化》，载新华网，http://www.news.cn/fortune/20231226/c6e3c6f0d4f54bfa96188c7ca6257305/c.html。

② 参见《2023 年全国电力可靠性管理工作七大突出成果》，载中国能源新闻网，https://www.cpnn.com.cn/news/xwtt/202402/t20240201_1674090.html。

③ 参见《我国已建成世界上数量最多的充电基础设施体系》，载新华网，https://www.news.cn/fortune/20240619/08ea20d768b0475a83de06147adab609/c.html。

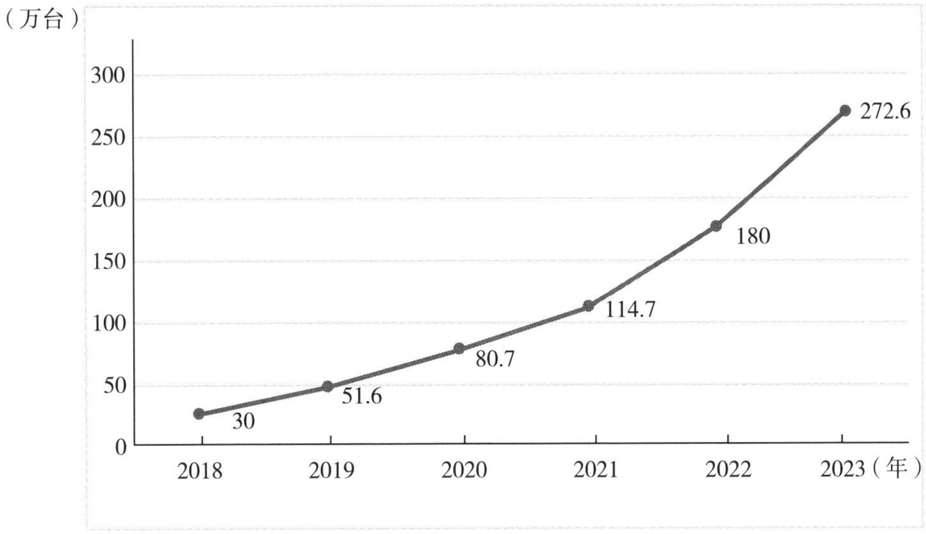

图 3–15　2018—2023 年全国公共充电桩数量

数据来源：作者根据中国充电联盟《2023 年全国电动汽车充电基础设施运行情况》绘制。

（4）高铁项目建设有序推进，城市轨道交通运力大爆发

在高铁项目建设方面，多项高铁项目的顺利完工，进一步完善了城市间的交通网络。2023 年杭昌高铁的全线贯通，使浙江、安徽、江西真正成为“近邻”；成宜高铁的开通，更是让四川首条高铁环线彻底被打通。2023 年 9 月 28 日，沪宁沿江高铁的开通运营，正式终结了江阴、武进、金坛不通高铁的历史。同日，中国首条设计时速 350 公里的跨海高铁——福厦高铁也正式开通运营，福州、厦门的“1 小时生活圈”成为现实。

在城市轨道交通运力方面，截至 2023 年底，中国 31 个省（自治区、直辖市）和新疆生产建设兵团共有 55 个城市开通运营城市轨道交通线路 306 条，运营里程 10165.7 公里，车站 5897 座[①]。2023 年全年城市轨道交通

① 参见《2023 年中国城市轨道交通完成客运量同比增逾五成》，载中国新闻网，https://www.chinanews.com.cn/cj/2024/01-12/10145245.shtml。

完成客运量294.4亿人次，较2022年增长51.7%，增长超五成。截至2023年12月，中国继续以占全球48%的地铁里程位居全球第一。

表3-4 2023年开通运营的部分高铁项目

开通时间	开通线路	作用与效果
2023年8月31日	贵阳至南宁高铁	贵阳南宁两地通达时间最快压缩至2小时53分，两城形成“2小时经济圈”
2023年9月26日	广州至汕尾高铁	汕尾融入广深地区1小时交通圈
2023年9月28日	沪宁沿江高铁	串联起句容、金坛、武进、江阴、张家港、常熟等苏南经济强县市
2023年9月28日	福州至厦门高铁	厦门、泉州、漳州等地形成“半小时交通圈”
2023年10月17日	中国印尼合建：雅加达至万隆高铁	东南亚境内的首条高铁线路。雅加达和万隆间的通行时间从3个多小时缩短至40多分钟
2023年12月8日	济南至郑州高铁	两地开启“1.5小时生活圈”

资料来源：作者依据官方报道整理。

（5）大数据中心、人工智能与工业互联网助力强国之路

整体而言，依据三次产业分类，中国数字经济全要素生产率稳步提升。2012—2022年中国第一产业数字经济全要素生产率平稳发展，由1.03上升至1.04，提升幅度较小。第二产业数字经济全要素生产率受疫情影响较大，十年间整体呈现先升后降态势，由2012年的1.65上升至2018年的1.69，随后持续下降至2022年的1.54。第三产业数字经济全要素生产率快速提升，由2012年的1.70上升至2022年的1.9，提升幅度最大①。截

① 参见中国信息通信研究院：《中国数字经济发展研究报告（2023年）》。

至2023年底，中国在用数据中心机架总规模超过810万标准机架，算力总规模达到230EFLOPS，居全球第二位[①]。据国务院《“十四五”数字经济发展规划》，以人工智能为代表的数字经济核心产业增加值将在2025年达到13.8万亿元。从具体实施情况来看，截至2023年底，中国已有8个国家算力枢纽节点建设开工。在2022年中国科技部首批支持建设的十个人工智能示范应用场景项目中，人工智能与现实应用正深度融合。以智能诊疗领域为例，基于云知声700亿参数规模的“山海”大模型，能将医生电子病历录入的效率提升超400%，节约单个患者问诊时间超40%，提升医生门诊效率超66%。工业互联网方面，中国工业互联网标识解析体系全面建成。东西南北中五大国家顶级节点和两个灾备点全部上线，二级节点实现了31个省（区、市）全覆盖。截至2023年底，全国具有一定影响力的工业互联网平台已超340家，工业数字化为强国之路打下坚实基础。

5. 新服务

新服务是服务于新质生产力的新型服务业，支持科技创新引领产业创新，推动新兴产业和未来产业的发展，助力数字产业集群的发展壮大，以及人工智能与产业的深度融合。新服务具备数据的乘数效应，智能的叠加效应，带来的是复利式增长效果。

新服务首先要看新时代以来中国服务业总体的发展现状，其次分析新服务发展所具备的六大特点与发展趋势，最后提出促进新服务发展的六大重点领域。

① 参见国家数据网：《数字中国发展报告（2023年）》。

（1）中国服务业发展现状

服务业在中国国民经济中经历了规模从小到大、结构从单一到多元，贡献从少到多的一个发展过程。服务业从占比最小的产业发展为经济增长的火车头。从服务业在我国经济中的占比来看，服务业在国民经济中的比重逐渐上升，服务业逐步超过第一产业、第二产业，成为拉动经济增长的火车头。服务业增加值占国内生产总值的比重在 1978 年为 25%，到 2015 年首次超 50%，2015 年至今服务业占国内生产总值的比重一直超过 50%。

新时代以来，中国服务业增加值从 2013 年的 26.2 万亿元增至 2023 年的 68.8 万亿元。服务业占比从 2013 年的 46.9% 提升到 2023 年的 54.6%，对经济增长贡献率从 47.2% 提高到 60.2%。服务业成为吸纳就业的大户，就业人员规模约占总就业人员规模的 50%。

从服务业对中国经济增长的贡献率来看，服务业对经济增长的贡献率从 2015 年超过 50%，至今维持在较高水平。2023 年第一季度高达 69.9%。伴随着新服务的发展，服务业在中国经济中的占比以及对中国经济增长的贡献率将不断提高。新服务将成为加快发展新质生产力的重要抓手，是中国经济高质量发展的重要引擎，是中国经济的新增长点。

（2）新服务所具备的六个特点与趋势

服务业的全面恢复让中国经济亮点纷呈。新服务是区别于传统服务业的新型服务业，包括服务对象、服务方式、服务质量的新型、新颖、新质，是支撑中国经济高质量发展的关键动力源。新服务呈数字化、平台化、智能化、均等化、全球化、融合化等突出特点。

一是数字化让新服务触手可及。数字化赋能服务业发展，新服务无处不在，网购、网约车、网课等让我们的衣食住用行等日常活动实现了全面的数字化转型。10 多亿网民中超 8.8 亿人网上购物。数字化催生了“衣来伸手饭来张口”的“懒人模式”，数字化让生活更加丰富多彩，让消费者可以更好地享受生活。数字化推动新服务实现平台化和规模化，成为中国经济增长的新引擎和内驱力。中国跨境电商综合区超 165 个，买全球卖全球，足不出户可享用南非牛肉、南美大虾。

二是平台化让新服务物美价廉。中国超大规模市场优势是新服务的重要支撑，为新服务平台化提供了多元化的应用场景并催生出多样化的服务模式，价格低到无法想象，快递半天到家，平台化让新服务商业可持续。

三是智能化让新服务超出想象。人工智能成为新服务的重要内核，如果我们使用 AI 主播和真人主播，可能难辨谁是真主播。快递业因自动化智能化实现当日达或次日达，无人机自动送货都指日可待。智能化带来的新服务背后是科技创新，是新质生产力的发展。新质生产力的核心是创新。中国正在以科技创新引领产业创新，支持新产业、新业态、新模式，特别是颠覆性技术和前沿技术的使用，将带动新产业新服务的发展。新质生产力推动新服务业加速发展，反过来，新服务也在支持新质生产力的发展。这从生产性服务业来看更为明显，新服务不仅支持了战略性支柱产业的发展，也推动了战略性新兴产业和未来产业的发展。

四是均等化让新服务实现普惠包容。生产性服务业、生活性服务业都是新服务的内容，呈现出均等化特征。数字经济、数字贸易的发展让新服务从城市到乡村实现均等化。农村地区汽车保有量大幅增加，很多家庭货车汽车都齐备。数字农业让农业机械耕种收割、无人机智能化维护成为现实。新基建从城市延伸至乡村，新服务促进破除二元结构，推动实现城乡融合发展。

五是全球化拓展了新服务的国际空间。二十世纪七八十年代以来，全球经济结构呈现出以服务业为主导的发展趋势，发达国家经历了向服务业为主的经济结构的转型和变革。服务全球化进一步拓展了服务业的发展空间。服务全球化成为经济全球化进入新阶段的鲜明特征。服务业成为国际产业投资热点，制造业跨国布局带动生产性服务业全球化发展，跨国公司在全球范围内整合各类要素，资本、技术和自然人的跨境流动更加便利。信息化大幅提升了服务的可贸易性，数字服务贸易持续迅猛增长。

六是融合化使得新服务具备更高质量。新服务的发展不仅体现在服务业自身的创新，还体现在新服务发展过程中呈现出的数字化、智能化特征。在科技进步和经济全球化驱动下，人工智能技术在服务业领域的应用，使服务业内涵更加丰富、分工更加细化、业态更加多样、模式不断创新，智慧化特征更加突出。新一轮科技革命引发服务业创新升级。新一代信息、人工智能等技术的不断突破和广泛应用，加速了服务内容、业态和商业模式创新，推动了服务网络化、智慧化、平台化，知识密集型服务业比重快速提升。新一轮科技革命和产业变革正在推动服务业转型升级，产业边界日渐模糊，融合发展态势更加明显，个性化、体验式、互动式等服务消费蓬勃兴起。

（3）新服务发展的重点领域

新服务的发展既包括现代生活性服务业的发展，又包括现代生产性服务业的发展，其中现代生产性服务业的发展成为重点。

生产性服务业的全球化、数字化发展，正是加快发展新质生产力，打造制造强国，促进经济高质量发展的重要途径。现代生产性服务业是以数字化、绿色化、智能化为特征，是创新在生产性服务业领域的应用。生产性服务业包括10个大类、35个中类、171个小类，涉及技术服务、信息服务、金融服务、通用航空等领域。而先进制造业或者高端装备制造业的高质量发展需要生产性服务业的支撑。加快发展新质生产力，不仅是对传统产业的改造升级，更是加快战略性新兴产业、未来产业的发展和培育。中国面临的“卡脖子”技术虽然大部分集中在制造业，但掌握其中专利的往往是一些相对独立的提供技术服务的研发中心，这些研发中心属于生产性服务业。由此可见，推动生产性服务业的数字化转型，加快发展现代生产性服务业，正是加快发展新质生产力的重要支撑。传统的生产性服务业因为信息不对称，而缺乏对实体经济的有效支撑，如金融机构等无法有效地、及时地为实体经济提供支持，但是在数字经济时代，上中下游客户之间信息不对称的问题得到了有效缓解。通过大数据、物联网、云计算、人工智能等技术提升信息的透明性，有助于及时高效地提供金融服务、信息服务、技术服务、专业服务，这就是新质生产力的集中体现，是现代化产业体系的重要组成部分。

根据《创新服务业发展大纲（2017—2025年）》的规划，中国重点发展信息服务、金融服务、技术服务、商务服务、人才服务、绿色服务等，而新服务的“新”体现在服务业的数字化、智能化、绿色化等方面，也称之为现代服务业。

一是现代信息服务。加快培育基于大数据、云计算、物联网、人工智能等新技术的信息服务。发展网络信息服务，大力发展云计算综合服务，完善大数据资源配置和产业链，支持有条件的企业建设跨行业物联网运营和支撑平台。积极发展信息技术咨询、设计和运维服务。鼓励发展高端软件和信息安全产业。

二是现代技术服务。加快发展新质生产力的核心是以科技创新引领产业创新，其中提升技术服务水平是关键。要构建覆盖科技创新全链条、产品生产全周期的创业创新服务体系。大力发展研究开发、工业设计、技术转移转化、创业孵化、科技咨询等技术服务。鼓励发展多种形式的创业创新支撑和服务平台，围绕创新链拓展服务链，促进科创服务专业精细和规模集成发展。大力发展知识产权服务，完善知识产权交易和中介服务体系，建设专利运营与产业化服务平台。加快培育发展标准化服务业。

三是现代金融服务。要发展高效安全、绿色普惠、开放创新的现代金融服务业，提高金融服务实体经济效能。完善商业性、开发性、政策性和合作金融服务体系，稳步推进金融市场国际化，促进股权、债券等市场健康发展，提高市场效率。稳步扩大金融业对内对外开放，放宽金融机构准入限制，稳妥推进金融业综合经营，培育具有国际竞争力的金融控股公司。大力发展普惠金融，鼓励发展科技金融、绿色金融、数字金融。做好科技金融、绿色金融、普惠金融、养老金融、数字金融五篇大文章。大力发展保险业。积极发展融资租赁，为现代生产性服务业提供金融支持。推动金融机构数字化转型和智能化应用。在防控风险的前提下，加强机构监管、行为监管、功能监管、穿透式监管、持续监管力度，稳妥推进金融产品服务模式创新，有效防范和化解金融风险。

四是现代商务服务。现代生产性服务业要求发展现代商务服务，而提高商务服务的标准化、专业化、国际化、高端化水平是当务之急。尤为重要是要增强商务服务的意识，将商务服务工作靠前准备好。要发展工程设计、咨询评估、法律、会计审计、信用中介、检验检测认证等服务，提高专业化水平。支持专业人才队伍建设，减少和规范职业资格许可及认定，健全职业水平评价制度。鼓励各类社会资本以独资、合资、参股联营等多种形式提供商务服务，加快培育有竞争力的服务机构。鼓励发展综合与专业相互协调支撑的各类高端智库。

五是现代人才服务。紧紧围绕新质生产力的发展要求来培育与之相适应的综合性、复合型人才。为此，必须推进教育体制改革，加快科技、人才、教育的良性循环，为发展新质生产力提供专业人才，为加快建设现代生产性服务业提供有力人才支持。鼓励专业化分工，发展现代人力资源服务外包和管理咨询、高级人才寻访等业态，规范发展人力资源事务代理、人才测评和技能鉴定、人力资源培训、劳务派遣等服务。发展专业化、国际化人力资源服务机构。

六是现代绿色服务。绿色低碳作为发展的方向，包括金融机构和上市公司都需要培养和发展专门的机构来加强碳排放的测算披露等专业服务。要加快发展低碳节能环保技术、咨询、评估、计量、检测和运营管理等服务。鼓励创新服务模式，提供节能咨询、设计、融资、改造、托管等“一站式”合同能源管理综合服务。支持发展生态修复、环境风险与损害评价等服务。推动在城镇重点领域开展环境污染第三方治理，推广产业园区、小城镇环境综合治理托管。加快发展碳资产管理、碳咨询、碳排放权交易等服务，支持全国统一碳市场建设。

（二）中国发展经验的历史回顾

历史和实践充分证明，中国取得国家复利式发展是多年来对内改革与对外开放共同作用的结果。在中国共产党的领导下，中国不断优化对外开放格局，积极加入世界贸易组织，坚决维护多边贸易体系，推动了中国经济社会的快速发展，为中国实现国家复利式发展创造了条件。同时，对外开放促进了中国体制变革，对中国构建高水平社会主义市场经济体制起到重要的推动作用，从而逐渐构建起与现代化产业体系相匹配的经济体制，为市场化配置资源创造了良好的制度环境，进一步激发了经济发展的活力。

在新发展阶段，中国经济持续增长面临更复杂的国内外环境，为了把握发展的主导权，我们需要构建以国内大循环为主体、国内国际双循环相互促进的新发展格局，在培育和挖掘内需市场的同时，将国内经济融入经济全球化当中，充分参与国际产业分工与协作，不断夯实中国经济发展的根基、增强发展的安全性、稳定性，以此确保经济的持续增长和中华民族伟大复兴进程不被迟滞甚至中断，顺利实现全面建成社会主义现代化强国目标。

1. 对内改革

中国在多年来取得的发展成果离不开一系列对内改革的推动，这些改革覆盖了经济、社会、文化、科技等多个领域，形成了综合效应，不仅彰显了中国经济的韧性和潜力，也为全球经济提供了重要的经验和借鉴。

（1）政治体制改革推动国家治理体系和治理能力现代化

1978 年党的十一届三中全会开启中国改革进程至今，中国的政治体制改革经历了多个阶段，目标是实现社会主义民主政治，加强国家的法治建设，提升政府的透明度和效率，确保人民的基本权利和利益。进入 21 世纪后，尤其是党的十六大以来，政治体制改革逐渐成为国家发展的重要组成部分。党的十六届三中全会强调要加强法治建设，推动国家治理体系现代化。党的十八大后，政治体制改革进入了新的阶段，习近平总书记提出了全面深化改革的战略思想，党的二十届三中全会提出“进一步全面深化改革”的最新论断，强调要推进国家治理体系和治理能力现代化建设，中国的政治体制改革有了全新的目标。

中国推进政治体制改革取得了显著成效。法治建设方面，强调依法治国、依法执政、依法行政的共同推进。党的十八届三中全会明确提出建设法治中国的目标，强调法治国家、法治政府、法治社会一体建设。通过立法、执法、司法和守法的全面推进，法治在社会生活中的地位不断提升。服务型政府方面，着重提升政府的透明度和效率，通过简政放权、放管结合、优化服务等措施，政府职能逐步转变，减少了不必要的行政干预，提升了服务质量。政府信息公开制度的建立，使公众能够更好地了解政府的决策和执行过程，增强了政府的公信力。民主参与方面，在政治体制改革过程中，民主参与的机制逐步建立。通过村民自治、社区治理等形式，基层民主得到了发展。政府鼓励公众参与政策的制定和实施，增强政策的透明度和公众的参与感。特别是在一些地方，探索了多种形式的民主协商机制，促进了政府与民众之间的沟通与互动。反腐败斗争方面，近年来，中国加大了反腐败力度，建立了较为完善的反腐败体制和机制，严厉打击腐败现象，增强了公众对政府的信任。通过反腐败斗争，政治生态逐步改善，政府的公信力和执行力得到了提升。

2024 年 7 月，党的二十届三中全会的胜利召开是新时代新征程上标注改革再出发再深化的一座新的里程碑。全会通过的《中共中央关于进一步全面深化改革 推进中国式现代化的决定》，着力围绕推进中国式现代化需要破解的重大问题谋划改革，聚焦 7 个方面共提出 300 多项重要改革举措，涉及体制、机制、制度等多个层面。未来，将抓住改革重点，突出以制度建设为主线，突出体制机制改革，突出战略性、全局性重大改革，突出经济体制改革牵引作用；坚持人民至上，从人民整体利益、根本利益、长远利益出发谋划和推进改革；强化系统集成，加强对改革整体谋划、系统布局，使各方面改革相互配合、协同高效。这次全会作出把全面深化改革向广度和深度推进的战略部署，既是党的十八届三中全会以来全面深化改革的实践续篇，也是新征程推进中国式现代化的时代新篇，对强国建设、民族复兴具有重大而深远的意义。

目前，中国的政治体制改革正在继续朝着进一步全面深化的方向发展。习近平新时代中国特色社会主义思想为政治体制改革提供了理论指导，强调要坚持和完善社会主义制度，推动国家治理体系和治理能力现代化。不断探索适合中国国情的政治体制改革路径，增强人民的获得感和幸福感，推动社会的和谐与稳定，实现中华民族伟大复兴。

（2）经济体制改革为中国式现代化建设和高质量发展提供了保障

改革开放初期，中国面临着严重的经济困境，生产力水平低下，人民生活水平普遍较低。为了改变这一状况，经济体制改革首先从农村开始，实施家庭联产承包责任制，允许农民自主经营，逐步提高了农业生产效率。随后，改革逐步向城市扩展，国有企业改革成为重点。承包制、租赁制等多种形式的引入，增强了企业的自主权，激发了国有企业的活力。同时，政府采取了“调、放、管”相结合的方针，逐步放宽市场准入，鼓励个体经济和私营经济的发展。此外，1994 年提出的财政体制改革方案，确立了以分税制为核心的新财政体制，增强了中央与地方的财政关系。

党的十八大以来，中国经济体制改革进入一个新的历史阶段，各领域基础性制度框架基本确立，许多领域实现了历史性变革、系统性重塑和整体性重构。在全球经济波动、国内经济转型升级的背景下，中国共产党坚定不移地推进改革，强调“两个毫不动摇”，即毫不动摇地巩固和发展公有制经济，毫不动摇地鼓励、支持和引导非公有制经济发展，充分发挥市场在资源配置中的决定性作用，更好地发挥政府作用。这一系列改革的核心目标是构建一个更加开放、竞争有序、统一高效的市场体系，为实现中华民族伟大复兴的中国梦提供坚实的经济基础。

在经济体制改革中，国家采取了一系列重要的措施。首先，推动建立统一开放、竞争有序的市场体系。持续深化要素市场化改革，逐步建立起高效规范、公平竞争、充分开放的全国统一大市场。其次，深化国资国企改革，明确国有经济功能定位和布局方向，完善调整机制。同时，依法保护民营企业产权和企业家权益，优化民营经济发展环境，推动市场准入负面清单制度和公平竞争审查制度的实施，显著提升营商环境的市场化、法治化和国际化水平。[①] 再次，加强宏观经济治理体系的建设，通过发挥国家发展规划的战略导向作用，加强财政、货币、就业、产业、投资、消费、环保和区域等政策的协调配合，[②] 提高宏观调控的前瞻性、针对性和有效性。此外，还大力推进现代化产业体系的发展，强调实体经济和科技创新的重要性，构建关键核心技术攻关的新型举国体制，深化供给侧结构性改革，优化要素配置，提高供给体系的质量和效率。最后，加快建立开放型经济新体制，扩大对外开放的范围和深度，积极参与全球经济治理，推进"一带一路"建设和自由贸易试验区的建立，深化与各国的经济合作。

这些经济体制改革措施取得了显著成效。市场体系建设取得了积极进展，全国统一大市场加快形成，国有经济功能定位更加明确，民营经济发展环境不断优化。截至 2023 年底，全国登记在册的经营主体达到 1.84 亿户，其中民营企业超过 5300 万户，分别比 2012 年增长了 2.3 倍和 3.9 倍。

---

① 参见中共国家发展改革委党组：《进一步全面深化经济体制改革 以高质量发展推进中国式现代化》，载《中国经贸导刊》2024 年第 6 期。

② 参见《中华人民共和国国民经济和社会发展第十四个五年规划和 2035 年远景目标纲要》，载中国政府网，https://www.gov.cn/xinwen/2021-03/13/content_5592681.htm。

宏观经济治理体系进一步健全，[①] 国家经济实力大幅提升，2023 年国内生产总值超过 126 万亿元，增速居世界主要经济体前列，对世界经济增长的贡献率超过 30%。现代化产业体系不断发展壮大，制造业增加值占全球比重达到 30% 左右，连续 14 年位居全球首位，高技术制造业和装备制造业增加值显著提升。开放型经济新体制加快建立，中国成为 140 多个国家和地区的主要贸易伙伴，货物进出口总额连续多年居世界第一，"一带一路"倡议成为世界上最受欢迎的国际公共产品和最大规模的国际合作平台。人民群众的获得感、幸福感和安全感不断增强，2013—2023 年，全国累计实现城镇新增就业超过 1.4 亿人，中等收入群体超过 4 亿人，基本公共服务均等化水平不断提升，建成了世界上规模最大的社会保障体系。经济安全保障能力持续提升，国家安全领导体制加快健全，粮食安全、能源供给保障能力不断增强，产业链供应链自主可控能力不断提高。

（3）社会体制改革彰显中国特色社会主义制度的优越性

改革开放以来，中国人民生活水平显著提升，社会治理体系不断完善。然而，随着时代的发展和社会的进步，人民对美好生活的向往愈发强烈，对民主、法治、公平、正义、安全和环境等方面的要求日益增长。党中央明确指出，人民对美好生活的向往就是我们的奋斗目标，增进民生福祉是立党为公、执政为民的本质要求。社会体制改革的主要任务是补齐民生保障的短板，解决人民群众急难愁盼的问题，以保障和改善民生为重点，持续推动社会建设和治理的创新发展。

社会体制改革方面，中国采取了一系列重大举措。民生保障方面，国

---

① 参见中共国家发展改革委党组：《进一步全面深化经济体制改革 以高质量发展推进中国式现代化》，载《中国经贸导刊》2024 年第 6 期。

家推出了一系列措施，覆盖收入分配、就业、教育、社会保障、医疗卫生、住房保障等领域。通过完善收入分配体系，增加低收入者收入，扩大中等收入群体，努力形成橄榄型分配格局。实施就业优先政策，推动实现更加充分、更高质量的就业。教育方面，优先发展教育事业，深化教育教学改革，促进教育公平和提高教育质量。社会保障体系方面，中国建成了世界上规模最大的社会保障体系，覆盖基本养老保险和基本医疗保险。医疗卫生领域，推进健康中国建设，深化医药卫生体制改革，完善重大疫情防控体制机制。住房保障方面，加快建立多主体供给、多渠道保障、租购并举的住房制度，改善城乡居民的住房条件。

此外，社会治理也是改革的重要组成部分。国家聚焦建设更高水平平安中国，健全党组织领导的自治、法治、德治相结合的城乡基层治理体系。持续完善信访制度，健全社会矛盾纠纷多元预防调处化解综合机制，开展扫黑除恶专项斗争，防范和打击各种犯罪活动。坚持系统治理、依法治理、综合治理、源头治理，全面提升社会治理的社会化、法治化、智能化和专业化水平。

这些改革措施取得了显著成效。民生保障方面，人民生活水平显著提升，基本公共服务均等化水平不断提高。城镇新增就业人数稳步增长，中等收入群体扩大，居民收入增长与经济增长基本同步。教育方面，教育公平更加彰显，教育质量显著提高，人民群众对教育的满意度不断提升。社会保障方面，人民的养老和医疗保障水平显著提高。医疗卫生方面，健康中国建设取得重要进展，重大疫情防控能力显著增强。社会治理方面，社会治理体系不断完善，社会治安环境明显改善。通过开展扫黑除恶专项斗争，社会治安状况得到显著改善，人民群众的安全感不断增强。基层治理水平提高，城乡基层治理体系更加健全，人民群众的获得感、幸福感和安全感不断增强。

2. 对外开放

（1）中国对外开放的历史进程

新中国成立之初，受到各种客观因素影响，中国对外开放实践障碍较大。同时，中国受苏联实行国家集中统一的对外贸易管理体制的影响，出现了一些结构性失衡问题，极大地阻碍了对外开放的规模、质量和潜力的发挥。

在这一时期，社会主义现代化建设主要依靠自力更生和自我内循环，1964 年，周恩来总理在政府工作报告中正式提出，“要在不长的历史时期内，把我国建设成为一个具有现代农业、现代工业、现代国防和现代科学技术的社会主义强国”[①]。经过实施几个五年计划，中国建立起独立的比较完整的工业体系和国民经济体系，农业生产条件显著改变，教育、科学、文化、卫生、体育事业有很大发展[②]。虽然取得了一些成就，但现代化建设的水平、效率和质量仍有待提高。

改革开放初期，对外开放被赋予推进社会主义现代化建设的重任。中国政府作出“对外开放、对内搞活”的经济决策，并将“实事求是”和“改革开放”作为经济建设的指导思想，主张在独立自主、自力更生的基础上，扩大对外开放，吸引外资和引进先进技术，以此促进经济社会的发展。在这之后，对外开放成为中国推进现代化建设的基本方针。

随着 1986 年中国正式申请恢复关贸总协定缔约方地位，中国对外开放

① 中共中央党史和文献研究院编：《中华人民共和国大事记（1949 年 10 月—2019 年 9 月）》，人民出版社 2019 年版，第 33 页。

② 参见《中共中央关于党的百年奋斗重大成就和历史经验的决议》，载中国政府网，https://www.gov.cn/zhengce/2021-11/16/content_5651269.htm。

的步伐进一步加快。在此基础上，1987 年 10 月，党的十三大正式明确了社会主义现代化建设“三步走”的经济发展战略，并将“坚持对外开放”作为“具有长远意义的指导方针”之一[①]。

“三步走”战略的确立使中国步入了以对外开放推动现代化建设的新阶段。特别是在邓小平南方谈话之后，党的十四大确立了建立和完善社会主义市场经济体制的目标。中国的对外开放领域进一步扩大，范围进一步拓展，吸引外商直接投资迎来一波小高潮。对外开放对中国特色社会主义现代化建设的促进作用不断增强[②]。从人均 GDP 数据来看，20 世纪 90 年代中后期，中国人均 GDP 虽与前期相比呈现小幅提升，但追赶世界的平均速度明显提高（如图 3-16）。

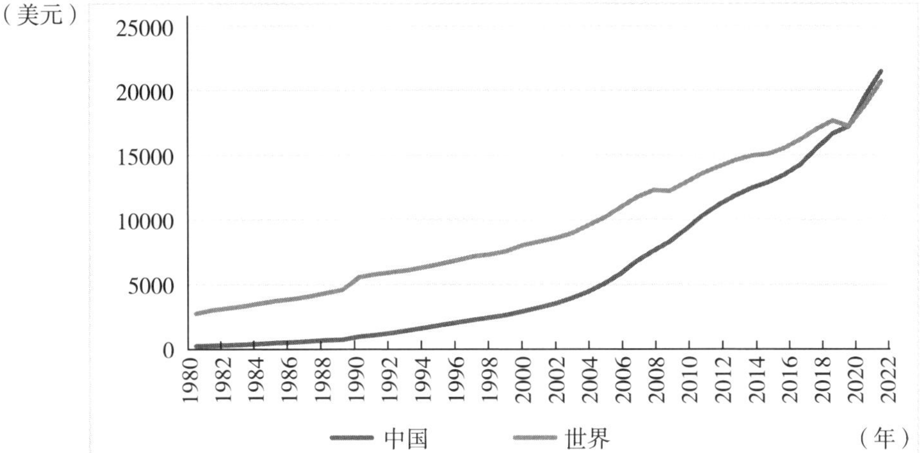

图 3-16 1980—2022 年按购买力平价计算的人均 GDP 对比

数据来源：作者根据 Wind 绘制。

---

① 转引自钱学锋、方明朋:《中国式现代化的开放逻辑与高质量实现路径》，载《宏观质量研究》2023 年第 5 期。

② 参见朱福林:《对外开放与中国式现代化——内在逻辑、重点议题及战略抉择》，载《财经问题研究》2023 年第 12 期。

1992 年，中共中央、国务院决定将对外开放特惠政策推广至 5 个长江沿岸城市，东北、西南和西北地区 13 个边境市、县，以及 11 个内陆地区省会城市。1993 年，党的十四届三中全会明确提出要发展开放型经济，进一步强调坚定不移地实行对外开放政策，加快对外开放步伐。

2001 年加入世界贸易组织（WTO）以后，中国的对外开放水平显著提升。首先，与外部贸易和投资相关的障碍有所减少，例如与美国达成永久正常贸易关系，减少了政策不确定性[①]。其次，遵守 WTO 规则提高了贸易自由化的程度。一方面，持续削减各类贸易壁垒；另一方面，不断完善国内法律法规，并参与全球经济贸易规则治理。最后，过渡期的存在减轻了国内改革的压力。作为发展中国家，中国享有逐步解除各种限制和补贴的权利，并可以延迟接受部分规则。在此背景下，中国塑造了良好的开放环境，叠加贸易自由化改革，促进了出口导向型贸易的快速增长，提升深化了中国在全球生产分工中的融入程度。

数据显示，2001—2006 年，中国对外贸易年均增速为 27.4%，在加工贸易占比稳定的同时，外贸依存度迎来新一轮上升，2000 年的外贸依存度接近 40%，2003 年超过 50%，2005 年突破 60%，2006 年达到最高的 67%，之后开始呈现下降趋势。中国外贸依存度高企主要是由于加工贸易在中国外贸中占比过高，服务业在国民经济中占比过低造成的[②]。

可以说，入世对中国特色社会主义现代化建设起到了巨大的促进作用，尤其是经济领域，2001—2008 年，在入世效应的助推下，中国经济呈现

---

① See Handley, K. & Limao N.,*2017,Policy Uncertainty,Trade,and Welfare:Theory and Evidence for China and the United States*, 107 American Economic Review,107(2018).

② 参见钱学锋、方明朋：《中国式现代化的开放逻辑与高质量实现路径》，载《宏观质量研究》2023 年第 5 期。

改革开放以来少有的连年增长势头。2010 年，中国经济总量超过日本成为世界第二大经济体，终结了日本自 1968 年以来的世界第二大经济体地位。2009 年，中国超过德国成为全球最大商品出口国。

（2）对外开放为中国实现国家复利式发展创造了基本的制度条件

高水平对外开放的核心特征之一就是制度型开放。改革开放以来，中国不断深化体制机制改革，深入推进对外开放，由高度集中的计划经济体制转变为与国际经贸规则接轨的社会主义市场经济体制，使市场在资源配置中起决定性作用，走出了一条以扩大开放促进深化改革、以深化改革促进扩大开放的道路。

以入世后的一段时间为例，由于当时中国经济基础相对薄弱，一方面按照西方制定的经贸规则推进对外开放，在以美国为主导的多边制度框架与规则体系下开展对外贸易[①]；另一方面逐步履行消除关税和非关税壁垒的入世承诺，推动贸易自由化和投资便利化，积极主动与世界贸易组织规则接轨，中国经济和世界经济开始了新的大融合。

2018 年国务院发布的《中国与世界贸易组织》白皮书显示，中国在 2005 年与 2010 年分别实现全部取消非关税措施和全部履行降低关税的入世承诺。目前，中国进口平均关税水平在 7% 左右，这比世贸组织统计的发展中国家 10% 左右的进口平均关税还要低[②]。与此同时，随着中国开放的大门越开越大，已经基本放开了制造业的外资准入，对外开放发展进入新阶段。

---

① See Rodrik D., *The Globalization Paradox:Democracy and the Future of the World Economy*,WW Norton& Company(2011).

② 参见《〈中国与世界贸易组织〉白皮书》，载中国政府网，https://www.gov.cn/zhengce/2018-06/28/content_5301884.htm。

此外，2018 年 12 月召开的中央经济工作会议首次提出“推动由商品和要素流动型开放向规则等制度型开放转变”[①]，党的二十大报告进一步提出“稳步扩大规则、规制、管理、标准等制度型开放”[②]。具体措施包括：

一是对接国际高标准的经贸规则，加快建立、完善与国际高标准贸易和投资通行规则相互衔接的市场规则制度体系。例如，当前中国正在积极推进加入 CPTPP、DEPA，在推进制度型开放时，要对标 CPTPP、DEPA 等相关条款要求，以促进中国国内制度、标准完善，助力中国改革开放。

二是对接合作国家的制度、标准等，加强标准、认证认可等互认。双边合作是中国对外开放的重要形式。比如，中国与一些国家探索两国互设产业园区，实施“两国双园”合作发展模式。未来，推进制度型开放，根据国际合作需要，既要加强与合作国家的制度、标准、规则、规制对接，又要加强与合作国家对认证认可的互认，为中国货物、服务“走出去”创造更加便利的条件。

除此之外，推进制度型开放，不仅需要对标国际高标准经贸规则以促进国内制度完善，也需要中国积极参与国际经贸规则的制定，推动全球治理朝着更加公正合理的方向发展，为构建全球经贸规则、制度作出积极贡献。例如，在推动全球经济治理体系更加公正合理的进程中，中国坚定维护多边贸易体制，坚决反对单边主义和贸易保护主义，致力于维护多边贸易体制的主导地位，并积极参与世界贸易组织改革。同时，充分发挥区域性机制的作用，积极参与亚太经合组织、上海合作组织等区域合作机制。

---

① 《2018 年中央经济工作会议（2018 年 12 月 19 日—21 日》，载旗帜网，http://www.qizhiwang.org.cn/n1/2022/0412/c443710-32396947.html。

② 习近平：《高举中国特色社会主义伟大旗帜 为全面建设社会主义现代化国家而团结奋斗——在中国共产党第二十次全国代表大会上的报告》，人民出版社 2022 年版，第 32 页。

在推动新兴领域经济治理规则制定方面，依托世界贸易组织等机构的相关机制，在全球范围内深入讨论投资便利化问题，推动建立投资便利化多边框架，并推动中国规则、标准等“走出去”，为全球治理提供制度性公共产品。以《全球数据安全倡议》为例，中国与各方合作探讨并制定全球数字治理规则，共同打造开放、公平、公正、非歧视的数字发展环境。在扩大面向全球的高标准自由贸易区网络方面，不断优化自贸区布局，提升自贸协定水平，充分发挥自贸协定的作用。

总而言之，改革开放 40 余年来，中国对外开放逐步从经济特区扩展到内陆地区直至全国范围，新型特殊经济功能区和开放高地不断设立，成为连接中国与全球供应体系的节点，同时产业开放由制造业逐渐扩展到服务业，国内外产业链供应链价值链跨境合作蓬勃发展。在这一过程中，对外开放与中国式现代化双向内在互动不断增强，中国式现代化建设在对外开放的助推下取得举世瞩目的成就，对外开放为中国式现代化建设注入了强劲动力，不仅体现为中国凭借对外开放取得卓越的经济发展成就，并且促使中国在对外开放过程中为经济的长期可持续发展打造稳定且高标准的制度和机制环境。

（3）对外开放不断扩大，外资成为推动中国经济与世界经济共同繁荣发展的重要力量

改革开放初期，为解决社会主义现代化建设资金和技术支撑不足的问题，中国充分运用劳动力、土地等资源的成本优势，辅之以优惠的税收政策，大力吸引外资，一定程度弥补了发展中的资金短缺问题，同时，提供了大量就业岗位和带来了大量税收。中国一度成为吸引外资数量最多的发展中国家。

1992 年，党的十四大报告明确提出，要“进一步扩大对外开放，更多更好地利用国外资金、资源、技术和管理经验”，强调“利用外资的领域要拓宽”。[①]1998 年，中共中央、国务院发布的《关于进一步扩大对外开放，提高利用外资水平的若干意见》[②]指出，对外开放是实现国家现代化和民族振兴的必由之路。随着对外开放深入推进，中国全方位对外开放格局基本形成，对外贸易规模不断扩大，利用外资质量不断提升，开放型经济快速发展。在这样的背景下，对外开放为中国式现代化建设提供了有力支持和强劲动力。

尤其是 2001 年中国加入世界贸易组织以来，外商直接投资成为外资参与中国式现代化建设、推动中国经济与世界经济共同繁荣发展的重要力量。随着对外开放的程度不断加深，外资的准入领域不断扩大，国内投资环境不断改善，以及庞大的内需潜力不断释放，中国逐渐成为全球最具吸引力的投资目的地之一。

在这一阶段，通过政策引导，外资企业在中国开始布局中高端产业链，更加关注服务业，并加大对中西部的投资力度。2003 年，中国颁布了《鼓励外商投资高新技术产品目录》。2007 年，党的十七大报告提出创新利用外资方式，优化利用外资结构，发挥利用外资在推动自主创新、产业升级、区域协调发展等方面的积极作用。2010 年《国务院关于进一步做好利用外资工作的若干意见》明确提出了“择优选资”的方向，在政策指引下，中国高新技术领域外商投资增长较快。党的十八大以来，中国不断扩大对外

---

① 中共中央文献研究室编:《十四大以来重要文献选编（上）》，人民出版社 1996 年版，第 22 页。

② 参见中共中央文献研究室编:《十五大以来重要文献选编（上）》，人民出版社 2000 年版，第 297 页。

开放，完善外商投资政策法律体系，实行准入前国民待遇加负面清单管理，不断完善外资产业促进政策，外资结构持续优化。

从总体规模来看，2023 年，中国实际使用外资金额由 2001 年的 468.8 亿美元增长到 1632.5 亿美元（如图 3-17），年均复合增长率为 5.8%。尽管 2023 年实际使用外资金额较前期略有下降，但仍然高达 1.13 万亿元，规模仍处历史第三高水平。

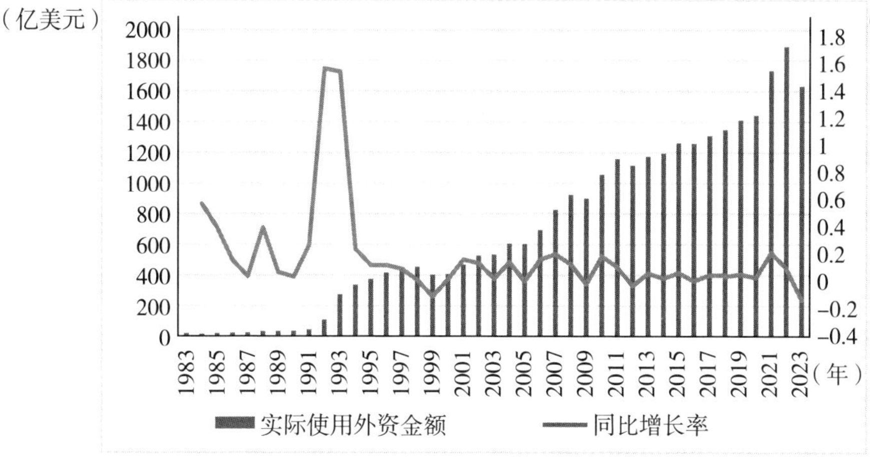

图 3–17　1983—2023 年中国实际使用外资情况

数据来源：作者根据 Wind 绘制。

分结构来看，一是外资企业加码布局中国高技术产业。改革开放初期甚至入世之初，外资主要集中在制造业尤其是劳动密集型制造业或是资本技术密集型制造业的劳动密集型环节，外资企业在高耗能、高污染和资源性的所谓“两高一资”产业多有布局。随着国内制造企业的创新能力不断提升加剧了市场竞争，促使外商投资由传统制造业不断转向高技术制造业。以高新技术产业为例，入世前外商投资占比为 5.3%，2023 年提升至 37.3%。2023 年，中国高技术制造业实际使用外资增长 6.5%，其中医疗仪器设备及仪器仪表制造业、电子及通信设备制造业分别增长 32.1%、12.2%。二是生产性服务业引资能力增强，带动服务业外资结构升级。目前，国内已经形成人才、技术、资金、数字基础设施等新的要素供给优势，为跨国公司服务业投资创造了有利条件。数据显示，中国第三产业实际使用外资金额占比已由 2012 年的 55.2% 提升至 2022 年的 69.6%。其中，生产性服务业外资规模大幅增长，对中国技术创新、服务型制造和数字经济的发展都发挥了重要作用。

3. 内外双循环

改革开放以来，中国经济大体经历了从以国内大循环为主，到逐步融入国际循环，再到国内国际循环相互促进的三个阶段。[①]2020 年 5 月 14 日，根据中国所处的发展阶段，以及环境、条件变化，尤其是中国比较优势的变化，习近平总书记提出要“构建以国内大循环为主体，国内国际双循环相互促进的新发展格局”。[②]

“双循环”战略的提出，既是新形势下中国为适应经济发展情况而作出的重大战略调整与安排，也是中国实现可持续发展的重要保证。如前文所述，在改革开放政策实施后，无论是从发展规模还是发展质量，中国经济都实现了质的飞跃。但与此同时，随着改革开放日渐进入深水区，诸多问题与新的挑战开始出现。

从内部经济的可持续性发展来看，最为突出的问题是中国对外贸易依存度过高。2001 年中国正式成为世界贸易组织成员，对国际市场的参与

① 参见《中国经济国际国内双循环建设的重要历程》，载中国宏观经济论坛（CMF）网站 2020 年 12 月 15 日，https://baijiahao.baidu.com/s?id=1686142739024540150&wfr=spider&for=pc。

② 习近平：《高举中国特色社会主义伟大旗帜 为全面建设社会主义现代化国家而团结奋斗——在中国共产党第二十次全国代表大会上的报告》，人民出版社 2022 年版，第 28 页。

度开始不断提高，对外贸易开启“火箭式”加速。2001 年，中国进出口贸易总额为 5096.5 亿美元，其中出口 2661 亿美元，进口 2435.5 亿美元[①]。到 2006 年，中国一般贸易进出口总额已达 7495 亿美元，其中出口 4163.2 亿美元，增长 32.1%[②]，增速显著。在对外贸易迅速发展的同时，中国对外贸易的依存度也在迅速攀升。2003 年中国对外贸易依存度首次超过 50%（51.9%），至 2006 年，中国对外贸易依存度已达 64%[③]。过高的对外贸易依存度，一方面将进一步拉大中国沿海地区与内陆地区间的经济差距，导致东西部地区发展不平衡，另一方面将产生持续性的贸易顺差，可能导致人民币升值压力加大、贸易摩擦频繁化、重大战略资源进口安全性降低等问题，给中国经济的长期良性发展埋下了安全隐患[④]。因此，2008 年国际金融危机发生后，中国已开始着手应对对外贸易依存度过高的问题。在经历近十年的贸易结构调整优化后，中国对外贸易依存度在 2019 年已由国际金融危机前的 60% 下降至 31.8%[⑤]。更为关键的是，在推进对外贸易结构合理化的过程中，中国的工业体系得到了扩充与完善。中国目前已经成为全世界唯一拥有联合国产业分类中所列全部工业门类的国家[⑥]。构建“双循环”中的内循环的内部发展条件已初步具备。

---

① 参见《十五时期我国对外贸易发展回顾》，载中国政府网，https://www.gov.cn/ztzl/2005-11/29/content_112010.htm#。

② 参见李健：《如何缓解外贸顺差过大的压力》，载《中国金融》2007 年第 6 期。

③ See The World Bank, *Trade(% of GDP),* https://data.worldbank.org/indicator/NE.TRD.GNFS.ZS?end=2018&name_desc=false&start=2018&type=shaded&view=map&year=2019.

④ 参见裴长洪、彭磊：《对外贸易依存度与现阶段我国贸易战略调整》，载《财贸经济》2006 年第 4 期。

⑤ See The World Bank, *Trade(% of GDP),* https://data.worldbank.org/indicator/NE.TRD.GNFS.ZS?end=2018&name_desc=false&start=2018&type=shaded&view=map&year=2019.

⑥ 参见《我国是全世界唯一拥有全部工业门类的国家》，载中国政府网，https://www.gov.cn/xinwen/2019-09/20/content_5431714.htm#。

从外部国际形势变化来看，2017 年，习近平总书记首次提出“百年未有之大变局”，“放眼世界，我们面对的是百年未有之大变局[①]。”何谓百年未有之大变局？具体而言，逆全球思潮抬头，全球贸易保护主义正不断加剧，中国进出口贸易面临的风险不断加大，对外贸易摩擦也在急剧增多，全球产业链的重构成为众多国家开始思考的新问题。尽管就全球整体产业链的发展而言，全球产业仍按照经济规律，由美欧、中国等国家向东南亚等国家转移，但在多重不利因素的影响下全球产业链遭受了巨大冲击，世界各国对于本国产业链的自主性与可控性的重视程度不断提高，对于产品本地化生产的偏好也愈发明显[②]。在全球产业分工中，中国主要处于全球产业链的中低端，在关键技术与核心零部件方面对发达国家的依赖程度仍然较高。在疫情之前，全球产业分工体系中，各参与主体间主要呈现出互补与合作的逻辑关系，后来，受疫情、地缘政治等因素影响，各参与主体间的竞争关系正逐步成为全球产业分工体系的主导。以美国为代表的发达国家正不断强化产业回流的政策力度，“友岸外包”的政策倾向也越发严重[③]。在此类回流的产业中，不仅包括大批劳动密集型产业的转移与回迁，还包括了大量产业链中的中高端环节的产业，对中国产业链的转型升级构成一定负面影响。核心技术上的欠缺与不足，可能令中国在全球国家竞争中陷入被动地位，遭到“卡脖子”。基于发展与安全的双重考虑，中国提出“双循环”战略。

---

① 《习近平接见 2017 年度驻外使节工作会议与会使节并发表重要讲话》，载中国政府网，https://www.gov.cn/xinwen/2017-12/28/content_5251251.htm。

② 参见渠慎宁、杨丹辉:《制造业本地化、技术反噬与经济“逆全球化”》，载《中国工业经济》2022 年第 6 期。

③ See ÇEVİK &Veli Ahmet, *From Decoupling to De-Risking: A New Era in Trade Between the West and China,* Fiscaoeconomia 277(2024).

通过回顾历史发展情况，可以看到中国“双循环”战略的实施路径主要包括以下方式。

一是以完善产权制度和要素市场化配置为重点，开展要素市场化配置综合改革试点，用市场化改革破解发展中的矛盾与问题。一般性的改革只是通过变革生产关系和上层建筑为解放生产力、发展生产力开辟道路。但市场化改革则是通过改革实现从传统计划经济向市场经济的彻底转变[①]。在“十四五”规划纲要中，党中央把推进要素市场化配置改革作为当前市场化改革的重点任务。2020 年 3 月，《中共中央 国务院关于构建更加完善的要素市场化配置体制机制的意见》将数据与土地、劳动力、资本、技术并列为五大生产要素。2021 年 12 月，国务院办公厅印发了《要素市场化配置综合改革试点总体方案》，提出“2021 年，启动要素市场化配置综合改革试点工作。2022 年上半年，完成试点地区布局、实施方案编制报批工作。到 2023 年，试点工作取得阶段性成效，力争在土地、劳动力、资本、技术等要素市场化配置关键环节上实现重要突破，在数据要素市场化配置基础制度建设探索上取得积极进展。到 2025 年，基本完成试点任务，要素市场化配置改革取得标志性成果，为完善全国要素市场制度作出重要示范”[②]。

二是以市场化、法治化、国际化为标准建设一流营商环境，为高水平开放和高质量发展提供有力支撑。从进博会到全国消费促进月，从广交会到消博会，再到服贸会，通过各类会展平台与相关活动，中国政府积极助

① 参见《新一轮改革必须以要素市场化改革为重点》，载新华网，http://www.xinhuanet.com/sikepro/20231031/53985bb97d5b4320b066aee2d3864958/c.html。

② 《要素市场化配置综合改革试点总体方案（全文）》，载共产党员网，https://www.12371.cn/2022/01/07/ARTI1641517446444103.shtml。

力企业拓展内外销市场。对内，政府通过健全市场准入负面清单制度，推动建设全国统一大市场，支持各类市场主体更好参与市场竞争。2018 年，中国全面实施市场准入负面清单制度。除了清单明确列出的禁止和限制投资经营的行业、领域、业务，各类市场主体皆可依法平等进入。目前实行的 2022 年版市场准入负面清单列有禁止准入和许可准入事项共计 117 项，相比 2016 年试点版清单缩减 64%[①]。2023 年 6 月 28 日，市场监管总局、国家发展改革委、财政部和商务部四部门联合印发《关于开展妨碍统一市场和公平竞争的政策措施清理工作的通知》，要破除一批行政性垄断堵点[②]。对外，打造合作共赢开放的国际化营商环境。2020 年 1 月 1 日，《外商投资法》及实施条例开始施行，对外商投资准入、促进、保护、管理等作出了统一规定，确立了外商投资实行准入前国民待遇加负面清单管理制度，成为中国外商投资领域新的基础性法律，实现了中国外资法律制度和管理体制的历史性变革[③]。2022 年，全国人大删去《对外贸易法》第九条关于对外贸易经营者备案登记的规定。取消对外贸易经营者备案登记，不仅提高了外贸企业办事效率，还为贸易自由化便利化提供动力。此外，扎实推进自贸试验区建设。当下，中国已设立 22 个自贸试验区和海南自由贸易港，形成东西南北中的改革开放新格局，通过出台《关于在有条件的自由贸易试

---

① 参见《营造市场化法治化国际化一流营商环境 为高水平开放和高质量发展提供有力支撑》，载中华人民共和国商务部网站 2023 年 12 月 19 日，http://www.mofcom.gov.cn/article/xwfb/xwbldhd/202312/20231203461677.shtml。

② 参见《全国统一大市场建设破除一批行政性垄断堵点》，载中国政府网 2024 年 3 月 30 日，https://www.gov.cn/lianbo/bumen/202403/content_6942629.htm。

③ 参见《营造市场化法治化国际化一流营商环境 为高水平开放和高质量发展提供有力支撑》，载中华人民共和国商务部网站 2023 年 12 月 19 日，http://www.mofcom.gov.cn/article/xwfb/xwbldhd/202312/20231203461677.shtml。

验区和自由贸易港试点对接国际高标准推进制度型开放的若干措施》，打造与对外开放相互衔接的制度体系和监管模式。

三是稳定国内居民收入，助力国内消费提升。提高居民收入是稳定国内消费的重中之重。为促进居民增收，政府实行多措并举，让发展成果更多更公平地惠及全体人民。首先，提高劳动报酬在初次分配中的比重，党的十九届四中全会将“按劳分配为主体，多种分配方式并存”上升为社会主义基本经济制度。2019 年，《中共中央关于坚持和完善中国特色社会主义制度 推进国家治理体系和治理能力现代化若干重大问题的决定》为中国构建了所有制、分配制度和资源配置方式三位一体、有机统一的基本经济制度框架[①]。2022 年，党的二十大报告再次强调要完善分配制度，提出“努力提高居民收入在国民收入分配中的比重，提高劳动报酬在初次分配中的比重”。[②]在持续的改革中，出台的一系列政策，有助于切实稳定增加国内居民的收入，增强普通民众消费的底气与能力。其次，优化提升按生产要素参与分配的机制。一方面，明确参与分配的生产要素范围。将按劳分配与按生产要素分配相结合，既是为了适应改革开放以来中国所有制成分逐渐多元化的现实情况，也是为了更好地调动生产积极性与创造力。所以，党的十八届三中全会通过的《中共中央关于全面深化改革若干重大问题的决定》，提出“健全资本、知识、技术、管理等由要素市场决定的报酬机制”[③]。为适应新形势变化，党的十九届四中全会审议通过的《中共中央关于

---

① 参见王霞：《努力提高劳动报酬在初次分配中的比重》，载《工人日报》2023 年 3 月 13 日。

② 习近平：《高举中国特色社会主义伟大旗帜 为全面建设社会主义现代化国家而团结奋斗——在中国共产党第二十次全国代表大会上的报告》，人民出版社 2022 年版，第 47 页。

③ 《中共中央关于全面深化改革若干重大问题的决定》，载中国政府网，https://www.gov.cn/zhengce/2013-11/15/content_5407874.htm。

坚持和完善中国特色社会主义制度 推进国家治理体系和治理能力现代化若干重大问题的决定》，将数据增列为生产要素，形成了完整的生产要素体系[①]。另一方面，发挥市场对生产要素贡献大小的评价作用。党的十九届四中全会在明确资本等生产要素参与分配的地位的同时，还提出要健全“生产要素由市场评价贡献、按贡献决定报酬的机制”。这意味着，生产要素贡献的大小，取决于生产要素的供求关系变化，生产要素在收入分配中的话语权，将由生产要素的稀缺程度所决定，越稀缺的生产要素，市场评价可能就越高，对其分配也可能就越多。最后，完善再分配调节机制，壮大中等收入群体，为促进消费创造重要条件。税收方面，建立以个人所得税为主，消费税和部分财产税为辅的收入分配税收调节体系。2018 年修订的《个人所得税法》，将工资薪金、劳务报酬、稿酬所得和特许权使用费 4 项所得纳入综合征收范围，并按年汇算清缴，还将子女教育、继续教育、大病医疗、住房贷款、赡养老人纳入专项附加扣除。2022 年，中国又设立了 3 岁以下婴幼儿照护个人所得税专项附加扣除，并于 2023 年将 3 岁以下婴幼儿照护和子女教育专项附加扣除的标准，从每月 1000 元提高至 2000 元，进一步强化了税收调节的针对性，确立了差异化收入分配调节的制度化机制。社会保障方面，中国目前已建成以社会保险为主体，社会救助、社会福利等均纳入其中的社会保障体系[②]。医疗保险方面，中国建立了城镇职工基本医疗保险制度和城乡统一的居民基本医疗保险制

---

① 参见《中共中央关于坚持和完善中国特色社会主义制度 推进国家治理体系和治理能力现代化若干重大问题的决定》，载中国政府网，https://www.gov.cn/zhengce/2019-11/05/content_5449023.htm。

② 参见刘晓梅等：《党的十八大以来我国社会保障事业的成就与经验》，载《管理世界》2022 年第 7 期。

度[①]。为保证养老金顺利发放，2018 年，中国还建立了中央调剂基金，对各省份养老保险基金进行适度调剂，平衡不同地区间的基本养老保险基金负担。转移支付方面，为增加中央财政一般性转移支付规模和比例，并清理整合专项转移支付，2014 年，《国务院关于改革和完善中央对地方转移支付制度的意见》出台。为履行中央财政在教育、医疗等基本民生领域的中央财政支出责任，2019 年，中央对地方税收返还并入一般性转移支付。2020 年，中国政府继续创设财政资金直达机制，转移支付效能不断提高[②]。此外，政府还通过建立地方间的直接横向转移机制，有力地缩小了不同地区间的发展差距。

四是依托“一带一路”倡议等国际倡议，建立与共建国家互利互惠的政策沟通渠道。作为中国构建对外循环的重要路径之一，“一带一路”倡议不仅有力加深了中国与共建国家的贸易联系，而且也为构筑中国对外循环路径提供了重大助力。截至 2024 年 7 月，中欧班列已通达欧洲 25 个国家，224 个城市[③]。随着畅通高效、海陆互联、多项延伸的通道网络格局不断完善，特别是疫情发生后，“一带一路”倡议不仅有效地对冲了疫情对全球产业链、价值链的冲击，而且也成为促进全球经济复苏的重要动力。

具体来看，首先，中国企业对共建“一带一路”国家的投资不断上升。2023 年，中国企业对共建“一带一路”国家非金融类直接投资 2240.9 亿元，比上年增长 28.4%。对外承包工程方面，中国企业在共建“一带一路”国

① 参见刘学良：《以再分配调节和培育中等收入群体》，载《中国金融》2024 年第 5 期。

② 参见《保障基本公共服务均等化》，载光明网 2023 年 10 月 11 日，https://baijiahao.baidu.com/s?id=1779421074294774759&wfr=spider&for=pc。

③ 参见《互联互通蹄疾步稳共建“一带一路”迎新机》，载光明网 2024 年 10 月 17 日，https://baijiahao.baidu.com/s?id=1813125253701523014&wfr=spider&for=pc。

家新签承包工程合同额 16007.3 亿元，增长 10.7%[①]。“一带一路”倡议在有力推动中国对外投资的同时，也为共建国家发展提供了重大助力。2013 年至 2022 年的十年间，中国与共建国家双向投资累计超过 2700 亿美元，在共建国家境外经贸合作区累计投资 571.3 亿美元，为当地创造了 42.1 万个就业岗位[②]。其次，“一带一路”倡议也为应对“黑天鹅”“灰犀牛”事件的暴发构筑起重要的保护屏障。2020 年，新冠疫情的暴发令全球经济遭遇重大冲击，全球供给端复工复产困难。但是以“一带一路”倡议为代表的全球性倡议，展现出了强大的韧性。2020 年一季度，在中国进出口总值同比下降 6.4% 的情况下，中国与共建国家进出口额达 2.07 万亿元，同比增长 3.2%，高出整体增速 9.6 个百分点，可以说为支撑中国外贸发挥了重要作用[③]。与此同时，数字经济的发展也为“一带一路”国际合作增加了新的动能。中国于 2017 年首次提出建设数字丝绸之路。截至 2022 年底，中国已与 17 个国家签署“数字丝绸之路”合作谅解备忘录，与 23 个国家建立“丝路电商”双边合作机制[④]。

五是维护全球经济贸易网，推进区域经济一体化发展。维护全球经济贸易网方面，为降低贸易成本，加强信息交流，避免产业同质化，中国积极对接国际高标准经贸规则。2020 年 11 月，全球体量最大的自贸协定《区

---

① 参见《2023 年我对“一带一路”共建国家投资合作情况》，载中国一带一路网 2024 年 2 月 7 日，https://www.yidaiyilu.gov.cn/p/0697U0UU.html。

② 参见王立勇、林永亮：《“一带一路”十年建设成效与发展前景》，载《当代世界》2023 年第 9 期。

③ 参见《疫情下，与“一带一路”沿线国家贸易缘何稳定增长？》，载中国政府网，https://www.gov.cn/xinwen/2021-04/14/content_5599588.htm。

④ 参见《缩小“数字鸿沟”加快“数字丝绸之路”建设》，载中国一带一路网 2024 年 1 月 4 日，https://www.yidaiyilu.gov.cn/p/0AJK3DPO.html。

域全面经济伙伴关系协定》(RCEP)正式签署，并于2022年1月1日正式生效。作为签署国之一的中国，为自己开拓了新的经济合作空间。2021年，为提升中国经济与贸易投资效益，强化中国对国际经贸规则制定的参与度，实现中国与全球国际经贸规则接轨。2021年9月，中国正式提出申请加入《全面与进步跨太平洋伙伴关系协定》(CPTPP)[①]。数字经济规则制定方面，尽管2023年中国数字经济规模已超过50万亿元，总量稳居世界第二位，占GDP比重达41.5%，但从国际影响力来看，中国数字经济规模与中国在全球数字贸易中的影响力并不相当。国内虽然近些年也建立了一些数字贸易平台，但国际跨境电商领域仍然被亚马逊等国外平台垄断，中国数字贸易平台的全球影响力非常薄弱[②]。因此2021年11月，中国又提出申请加入《数字经济伙伴关系协定》(DEPA)，并于2022年正式全面启动加入DEPA谈判，探索建立全球跨境数字治理共同框架，提高全球数字治理参与度。

---

① 参见周汉民、黄骅:《中国加入CPTPP之必要性与可行性分析》，载《上海对外经贸大学学报》2021年第3期。

② 参见陈波:《加入DEPA塑造全球数字贸易规则》，载《中国财经报》2021年11月16日，第7版。

第四章

新时代中国实现国家复利式发展的发展路径——中国式现代化道路

在中国式现代化道路上，中国通过在人口红利、内生动力激发、文明发展和可持续发展等方面的综合探索和实践，已形成了一条符合中国国情、具有自身特色的发展路径，为中国在新时代实现国家复利式发展提供了长期可持续的发展模式和道路选择。

增长性：作为世界上人口最多的国家之一，中国庞大的人口规模为经济发展提供了巨大的动力和市场潜力。这一人口红利推动着中国经济的快速增长，形成了一个超大规模的内需市场。中国式现代化道路强调实现共同富裕，即使在经济快速增长的同时，也努力确保发展成果惠及全体人民，从而保持经济增长的可持续性和稳定性。中国式现代化道路注重通过推动科技创新、加强教育培训等方式培育和壮大国内经济增长的内生动力。同时，中国还通过开放政策，深化与世界各国合作，吸引外部资源、技术和市场，实现经济的互利共赢。中国在国际合作中坚持和平发展理念，倡导多边主义和贸易自由化，通过和平利用外部资源来促进国内发展，实现经济的快速增长。

长期性：中国式现代化道路注重文明发展。中国秉持和谐共存、尊重多样性的理念，致力于构建人类命运共同体，推动全球治理体系的改革和完善。这种文明发展的道路是长期性的，需要经历漫长的历史积淀和发展过程。

可持续性：中国式现代化道路还强调可持续发展和绿色发展，意味着在保证经济增长的同时，必须重视环境保护和资源利用的可持续性。中国通过加强环境保护、推动能源革命、发展清洁能源等举措，努力实现经济增长与环境保护的良性循环。这种可持续发展的道路不仅能够确保经济的长期稳定增长，还能够保护地球生态环境，造福子孙后代，为实现国家复利式发展保驾护航。

（一）人口规模巨大、超大规模市场、共同富裕与增长性

中国式现代化在长期发展中创造了举世瞩目的历史成就，通过借鉴西方国家既有现代化道路的经验，深刻总结党领导人民推进中国式现代化建设的历史经验，合理判断自身优势和国情，并将这一经验置于世界现代化进程、人类文明长河中予以认识和思考，形成了"中国式现代化"理论体系。

1. 中国式现代化是人口规模巨大的现代化

（1）人口规模与现代化关系的理论渊源

党的二十大报告指出："中国式现代化是人口规模巨大的现代化。"[①] 2023 年 2 月，习近平总书记在学习贯彻党的二十大精神研讨班开班式上指出，人口规模巨大的现代化是中国式现代化的特征，"既是理论概括，也是实践要求"[②]。

人口是构成国家的基本要素，人口规模巨大是中国式现代化的首要特征。从经济学理论视角来看，亚当·斯密在《国民财富的性质和原因的研究（上卷）》中指出，人口规模直接形成了市场规模。阿尔弗雷德·马歇尔指出，人口规模的有效投入成就生产规模以及规模报酬递增[③]。从国际贸易依

---

① 《习近平：高举中国特色社会主义伟大旗帜 为全面建设社会主义现代化国家而团结奋斗——在中国共产党第二十次全国代表大会上的报告》，载中国政府网，https://www.gov.cn/xinwen/2022-10/25/content_5721685.htm。

② 《习近平在学习贯彻党的二十大精神研讨班开班式上发表重要讲话》，载中国政府网，https://www.gov.cn/xinwen/2023-02/07/content_5740520.htm。

③ 转引自吴振磊、程旭翀、王泽润：《人口规模巨大的中国式现代化：逻辑理路与实践进路》，载《学习与探索》2024 年第 1 期。

存度的角度分析，西蒙·库兹涅茨认为，人口大国的国内市场及资源条件允许其发展专业化和规模经济，因而更不依赖对外贸易，可以通过“内循环”获得发展动能[①]。

此外，人口因素在经济增长与结构转型理论中同样具有重要位置。托马斯·马尔萨斯的人口理论指出，无节制的人口增长将使经济剩余主要用于生活资料的消费而非投资与积累，从而使人落入贫困陷阱。阿瑟·刘易斯的二元经济理论认为，农业部门的大量剩余劳动力进入非农产业的过程形成经济增长。索洛的新古典经济增长模型也强调，劳动力要素是驱动经济增长的关键要素之一，但需配合资本要素和技术进步才能使经济保持长期增长[②]。

从中国的实践经验来讲，人口在中国式现代化的进程中发挥着重大作用，最明显的就是巨大的人口规模以“人口红利”的方式推动了中国经济增长。蔡昉等学者估算，人口红利对中国1982—2000年人均GDP增长率的贡献为26.8%[③]。随着人口素质的提高，人口红利逐步向人才红利转变，人口资源的优势将进一步发挥，进而促进经济发展方式转变、产业结构升级、全要素生产率提高，推动人口和经济社会持续协调、健康发展。

（2）大国和小国实现现代化的差异

人口规模不同，现代化的任务就不同，其艰巨性、复杂性就不同，发展途径和推进方式也必然具有自己的特点。从世界各国的现代化历史进程来看，人口规模深刻影响着本国现代化的道路选择和实践。譬如，18世纪

---

① 转引自欧阳峣：《大国经济特征、优势识别与发展格局》，载《人民论坛·学术前沿》2023年第7期。

② 转引自蔡昉：《理解中国经济发展的过去、现在和将来——基于一个贯通的增长理论框架》，载《经济研究》2013年第11期。

③ 参见蔡昉：《人口红利：认识中国经济增长的有益框架》，载《经济研究》2022年第10期。

下半叶，英国开启现代化时人口是千万级的；20 世纪后，美国逐渐领跑现代化时，人口是上亿级的，而中国式现代化是 14 亿多人口的现代化，规模超过现有发达国家人口的总和，现代化难度呈几何级数增长，这种现代化进程难度差异主要表现在三个方面。

一是现代化进程中道路选择差异。大国依托其规模人口优势、资源禀赋优势，更有可能构建完整的产业体系，并有能力选择独立自主的发展道路。小国面对相对缺乏的资源禀赋条件和较小的经济体量，往往会选择融入发达国家主导的产业和经济体系，然后在此基础上打造自身特色优势，从而实现现代化[①]。

二是现代化进程中面临外部竞争环境的差异。在世界现代化的版图中，先发展的“守成大国”往往掌握着世界秩序，将后发展大国视为挑战者，因而会采取多种手段遏制后发展大国的发展[②]。例如，美国近年来对中国采取了一系列遏制措施，特别是在科技领域，其策略已从局部限制转向更广泛的围堵。对于小国而言，守成大国通常将其看作可以利用和合作的对象。譬如美国拉拢中国周边某些国家制衡中国。这些国家则准确把握这一国际社会的现实，在两国之间徘徊游走，以此实现快速发展。

三是现代化进程中社会治理难度的差异。现代化是一个包含经济、政治、文化、社会、科技等方面的综合发展进程，其中社会治理复杂程度和人口规模有着直接关系。中国古来就有“治大国若烹小鲜”的治国理念流传，面对当前超 14 亿的人口规模，我们所面临的治理对象与治理场景的复

① 参见吴振磊、程旭翀、王泽润：《人口规模巨大的中国式现代化：逻辑理路与实践进路》，载《学习与探索》2024 年第 1 期。

② 参见吴振磊、程旭翀、王泽润：《人口规模巨大的中国式现代化：逻辑理路与实践进路》，载《学习与探索》2024 年第 1 期。

杂程度更胜以往，这对治理能力的要求更高。小国（或地区）无论是政令的执行，改革转型的难度都相对较小，实现现代化的成功概率更高，例如20世纪60年代，亚洲“四小龙”短期内先后崛起，相继步入了新兴工业化国家和地区的行列。

（3）人口规模巨大的中国式现代化的挑战和优势

党的二十大报告指出，“我国十四亿多人口整体迈进现代化社会，规模超过现有发达国家人口的总和，艰巨性和复杂性前所未有，发展途径和推进方式也必然具有自己的特点”[①]。如此巨大人口体量的国家进入现代化，意味着世界上实现现代化的人口翻了一番多，将极大地改变现代化的世界版图。同时这也是人类历史上难度最大的现代化。

人口规模巨大为中国式现代化带来独特优势，也使推进中国式现代化面临多重现实挑战。

一是人口老龄化问题越来越成为影响中国发展的长期因素。根据全国老龄办发布的数据，未来中国60岁及以上老年人口规模将快速扩张，2025年将超过3亿人，2033年将超过4亿人，2054年将达到峰值5.2亿人。人口老龄化程度将在2024年超过20%，在2035年跨越30%，于2054年超过40%，届时中国将成为人口老龄化程度最高的国家之一，这将给公共服务供给、社会保障等带来巨大挑战。

二是生育率持续走低对经济长期健康发展形成重大风险。国家统计局数据显示，全国出生人口从2016年的1786万人下降至2023年的902万人，7年间近乎减半，达到新中国成立以来的最低值。同时，在长期严格的

---

① 习近平：《高举中国特色社会主义伟大旗帜 为全面建设社会主义现代化国家而团结奋斗——在中国共产党第二十次全国代表大会上的报告》，人民出版社2022年版，第22页。

一孩政策影响下，育龄夫妇的生育意愿比多数极低生育率国家还要低，中国即将落入超低生育陷阱，生育结构形势严峻。根据联合国《世界人口展望 2022》预测，2035 年之后中国人口总抚养比将超过 50%，这意味着每两个劳动年龄人口平均要抚养超过一个老人或儿童，劳动力规模将在未来迅速缩减[①]。

三是中国实现现代化面临先发展大国的阻碍。先发展大国为了保持自身在国际秩序中的领导地位，必然想方设法阻碍后发展国家实现现代化，尤其是中国作为人口规模巨大的后发展国家，实现现代化必然要在先发展国家预设的国际分工、分配体系和自然资源占有的现实约束中突围，这将影响总人口约为 10 亿人的资本主义先发展国家 (占世界总人口比重约为 12.5%) 的利益，所以近年来其通过“脱钩断链”、科技封锁等手段企图把中国控制在全球价值链的低端，禁止中国涉足高科技领域。要想打破这种局面，和平实现中国式现代化，就需要凭借中国智慧，为国际社会提供一个双赢的国际方案。

此外，我们还需要注意到，虽然改革开放 40 多年来，中国巨大的人口规模以“人口红利”的方式推动了中国经济增长。但是在新的技术革命和产业变革的影响下，经济发展对技术的依赖程度呈现出日益增强的态势，对劳动力的需求也从过去的注重数量到现在的关注质量。因此，人力资本理论更适合描述当前和未来一个时期中国劳动力的总体状况。随着劳动力的世代更替，我国劳动力素质明显提升，人力资本对经济发展的贡献已经开始显现。这主要表现在高科技人才和工程师群体两方面的扩大。

① 参见穆光宗、侯梦舜等:《论人口规模巨大的中国式现代化：机遇、优势、风险与挑战》，载《中国农业大学学报》(社会科学版) 2023 年第 1 期。

从人口素质来看，中国劳动力技术水平和受教育水平相对较高，中国各级教育普及程度达到或超过中高收入国家平均水平，2023 年，高等教育毛入学率超过 60%，新增劳动力平均受教育年限超过 14 年，接受高等教育的人口达到 2.5 亿。从人才占比来看，中国技能劳动者总量超过 2 亿人，工程师群体超过 6000 万人，每年新增大约 440 万工程师，这比全世界其他国家加起来的工科毕业生还要多，这些数据都表明中国正从人口资源大国转向人力资本强国。

教育水平的提高将为经济发展提供更多高科技人才，为激发经济发展潜力提供坚实基础。同时，高素质的人才会促进社会化大分工进一步细化，促进技术创新、劳动生产率提升，并推动中国经济结构转型升级，支撑中国创造财富的能力稳健提升[①]。

2. 超大规模市场是实现中国式现代化的巨大优势

习近平总书记指出“当今世界，最稀缺的资源是市场。市场资源是我国的巨大优势，必须充分利用和发挥这个优势，不断巩固和增强这个优势，形成构建新发展格局的雄厚支撑”[②]。

作为发展中国家的大国，中国拥有 14 亿多人口，中等收入群体规模全球最大，各类市场主体多，市场业态丰富，城乡、区域市场发展差异大，这些都为中国提供了巨大的内需潜力。加快建设高效规范、公平竞争、充分开放的全国统一大市场，促进商品要素资源在更大范围内畅通流动，有利于释放中国人口规模巨大的潜力，增强中国式现代化的内生动力和可持

---

① 参见邓强、匡丹：《“人口规模巨大的现代化”：独特优势、现实挑战与推进路径》，载《中共石家庄市委党校学报》2024 年第 2 期。

② 《习近平谈治国理政》（第四卷），外文出版社 2022 年版，第 177 页。

续性。

一是从需求侧来看，超大规模市场为实施扩大内需战略提供广阔空间。人口规模与经济规模使“内需”成为中国经济增长的一种独特资源。库兹涅茨指出，大国与小国现代化道路的一项重要区别就是小国的发展必须依赖国外市场，以外部需求匹配其不断扩张的生产能力，而大国可以更多依赖本国市场产生的内需，依靠内循环推进本国的发展[①]。具体从消费需求看，中国人口超 14 亿人，中等收入群体超过 4 亿人，未来十几年有望达到 8 亿人，伴随着居民收入水平和消费规模稳步增长，中国消费市场、服务消费市场将不断壮大。在外部需求不稳定的情况下，内需规模巨大将成为中国式现代化的独特优势。2023 年，中国社会消费品零售总额达到 47.1 万亿元，是全球第二大商品消费市场。随着人民群众对高品质生活的追求日益强烈，对商品、服务的需求从“有没有”加快向“好不好”转变，消费需求向高品质、多样化、个性化转变趋势明显，中国扩大内需的空间足、潜力大，前景将不可限量。从投资需求看，中国正处于新型工业化、信息化、城镇化、农业现代化快速发展阶段，与发达国家相比，在缩小城乡、区域发展差距，提高基础设施服务质量等方面还有较大投资空间。2023 年城镇化率是 66.16%，和发达经济体 80% 左右的水平相比，还有提升空间。另有近 3 亿农业转移人口正在加快市民化进程，城市更新、市政基础设施升级空间很大，住房、教育、医疗、养老等方面还有较大投资需求。

二是从供给侧来看，超大规模市场有利于推进高水平科技自立自强。在开放型经济条件下，超大规模市场为“卡脖子”攻关类新产品、新技术

① See Kuznets Simon, *Population Change and Aggregate Output— In Demo graphic and Economic Change in Developed Countries*, Princeton University Press, 1960, p.324.

提供大规模应用场景和持续迭代机会，使新技术更容易实现大规模应用和迭代升级，缩短技术从实验室到大规模生产转化形成产业的时间。尤其在数据经济方面，受益于各地区巨大的市场和应用场景，各种新技术得以快速迭代升级，如智能工厂、智慧家居、智慧农场、自动驾驶，而很多跨国企业也把中国作为新技术的试验场，这更加激发了市场的活力，进而在科技创新领域形成需求牵引供给、供给创造需求的更高水平动态平衡。

超大规模市场有利于激发企业创新活力。一方面，超大规模市场促进企业充分竞争。市场规模越大，现有大企业越难以垄断市场，初创企业和中小企业的发展空间也会越大，企业格局、产业生态和经济结构越难以被固化，容纳和试错技术路线会更多，企业将具有较强的创新活力。另一方面，超大规模市场推动企业差异化发展。市场规模越大，市场需求的多样性、复杂性越高，社会专业化分工就会越精细，这为企业差异化发展创造了条件。中国之所以能诞生大量制造业单项冠军企业，与高度细分的市场需求密切相关。同时差异化发展也有利于激发市场和经济的活力。

三是从风险视角来看，超大规模市场为应对各类风险挑战提供支撑。大国经济的优势就是内部可循环，国内循环的质量和水平很大程度上取决于市场规模。市场规模越大，抵御全球经济波动和外部风险冲击的能力就越强。一方面，超大规模市场有助于减弱外需波动风险。改革开放以来，中国之所以能够成功应对亚洲金融危机、国际金融危机、中美贸易摩擦等的冲击，一定程度上得益于超大规模市场所蕴含的经济稳定优势。当前经济全球化遭遇逆流，全球经济复苏乏力，有效需求长期不足，外需不确定性明显增加，而加快建设全国统一大市场，有利于释放中国人口规模巨大的潜力，增强中国式现代化的内生动力和可持续性。另一方面，超大规模市场有利于增强产业链供应链韧性和安全水平。超大规模市场内部更容易形成和维持完备的产业配套和完整的产业体系，提高产业生态的多样性，有利于确保生产供应体系自主可控、安全可靠，增强对“脱钩断链”的反制能力。此外，超大规模的单一市场提高了地区间经济联动性，有利于推动产业在不同地区间有序转移，形成更具安全性、主动性的产业链布局。

总而言之，发挥超大规模市场优势，夯实产业创新能力、培育新质生产力，这是我国新发展阶段贯彻新发展理念应对挑战、把握机遇的战略选择，更是构建“国内大循环为主体、国内国际双循环相互促进”新发展格局的雄厚支撑。

3. 中国式现代化是全体人民共同富裕的现代化

党的二十大报告旗帜鲜明地指出，“实现全体人民共同富裕”是中国式现代化的本质要求。这一重大判断具有鲜明的现实针对性。中国式现代化是一项完全不同于西方现代化的系统工程，西方现代化造成的贫富分化问题始终难以解决，而中国式现代化则始终坚持以人民为中心，推动全面发展，实现全体人民共同富裕。

改革开放以来，特别是进入新时代以来，党在制定各项方针政策时，兼顾效率和公平，实现共同富裕取得积极进展和显著成效，例如，中国建成世界规模最大的教育体系、社会保障体系、医疗卫生体系，教育普及水平实现历史性跨越，人民生活全方位改善，人民群众有了更多获得感、幸福感、安全感。

目前，中国共产党已经团结带领人口规模巨大的中国人民实现了温饱，解决了绝对贫困问题，全面建成了小康社会，为实现现代化奠定了坚实的基础。在新发展阶段，我们要进一步明确共同富裕是社会主义发展进程中的渐进性改革、长期性任务，既要通过改革发展提高人民群众物质生活水平和幸福指数，又要通过思想道德建设提升人民群众的思想觉悟、道德水准和文明素养。

一是完善分配制度，促进社会公平正义。党的二十大报告指出："分配制度是促进共同富裕的基础性制度。"实现公平正义的合理分配，首先，要在推动高质量发展、做好做大"蛋糕"的同时，进一步分好"蛋糕"。换句话说，就是要从制度层面上解决效率与公平的统一，为实现现阶段共同富裕的目标提供制度保证。要处理好初次分配和再分配的协同问题。其次，在初次分配中坚持按劳分配。要继续利用减税降费、财政转移支付等方式对初次分配进行调整，着力解决好就业、分配、教育、医疗、住房、养老、托幼等民生问题。最后，要重视第三次分配的作用，让现代化建设成果更多更公平惠及全体人民，坚决防止两极分化。

二是以扩大中等收入群体推进全体人民共同富裕的中国式现代化。中等收入群体是实现共同富裕的中坚力量。目前，中国中等收入群体规模超过 4 亿人，总量不少，但以 14 亿多人口的基数计算，所占比重约为 30%，还有待提高。而且，内部结构也不均衡，相对较低收入人群在中等收入群体中占比较大，一部分中等收入群体就业稳定性不足、存在"掉队"风险，此外，还有相当多农村人口尚未进入中等收入群体。接下来，我们必须让有潜力进入中等收入群体的那部分人在收入与消费支出的循环中跨上新台阶。

三是着力推进城乡融合和区域协调发展。首先，深化要素市场化配置改革，扎实推进城乡要素市场一体化建设，加强人才技术入乡、乡村建设投融资等领域改革创新，逐步破除制约城乡资源要素流动的体制机制障碍和壁垒。其次，促进城乡要素双向自由流动、平等交换和均衡配置，畅通城乡经济循环。最后，促进城市人才、资金、技术等要素下乡，引导更多优质资源能够有效配置到乡村振兴的重点领域和薄弱环节，深化城乡经济联系与分工协作，促进城乡共同高质量发展。

（二）激发内生动力与和平利用外部资源相结合的发展方式

习近平总书记在2020年4月的中央财经委员会第七次会议上，首次提出“构建以国内大循环为主体、国内国际双循环相互促进的新发展格局”[①]，目的是打通当前国民经济运转中的各类堵点、难点，以及化解各类潜在风险。构建国内国际双循环的核心，是为实现国内与国际市场的相互促进，是为取长补短，优化全球资源配置，是为中国式现代化创造良好的内外环境。在“双循环”战略的推动下，中国当前新发展格局的建设工作正稳步推进，循环顺畅的“双循环”正逐步为中国式现代化保驾护航，持续供能。

1. 有效统筹发展与安全

推进中国式现代化需要统筹好发展和安全的关系，国民经济的良性循环为中国掌握经济高质量发展的主动权提供了有力保证。“双循环”战略提出以来，发展与安全之间不协调的问题得到了有效化解。

一是从发展成效来看，在全球经济普遍低迷的情况下，国家初步核算的数据显示，按不变价格计算，2023年中国全年国内生产总值达126.06

① 《构建新发展格局 重塑新竞争优势》，载中国政府网，https://www.gov.cn/xinwen/2022-10/12/content_5717732.htm。

万亿元，较上年增长 5.2%[①]。中国 2023 年主要预期目标已圆满实现。同时，三次产业供给侧结构性改革取得显著成效。2023 年，全国第一产业增加值 8.98 万亿元，比上年增长 4.1%；第二产业增加值 48.26 万亿元，增长 4.7%；第三产业增加值 68.82 万亿元，增长 5.8%[②]。具体来看，事关民生的第一产业继续为经济增长提供基础动力，中国农林牧副渔业稳定增长。据统计，中国在 2023 年实现全年粮食产量 69541 万吨，比上年增加 888 万吨，增产 1.3%。迎来自 2019 年持续增长的第五个年头[③]。此外，以生猪肉为代表的猪牛羊禽肉也继续保持产能稳定，2023 年全年猪肉产量 5794 万吨，比上年增长 4.6%。牛羊禽肉、牛奶、水产品全面增产[④]。

二是中国工业生产结构优化培育新动能，制造业“高端化”特征日益突出，潜在的产能过剩风险得到有效化解。2023 年，中国规模以上装备制造业全年增加值较上年增长 6.8%，高于全部规上工业平均水平 2.2 个百分点，对全部规上工业增长贡献率接近五成。其中汽车增加值增长 3%，电气机械行业增加值增长 12.9%，较 2022 年分别增加近 6.7 和 1 个百分点[⑤]。这表明以“高端”制造业为代表的新动能已成为引领中国经济高质量发展的重要引擎。2023 年全国工业产能利用率为 75.1%。在 41 个大类行业中，有

---

① 参见《2023 年国民经济回升向好 高质量发展扎实推进》，载国家统计局网站，https://www.stats.gov.cn/sj/zxfb/202401/t20240117_1946624.html。

② 参见《2023 年国民经济回升向好 高质量发展扎实推进》，载国家统计局网站，https://www.stats.gov.cn/sj/zxfb/202401/t20240117_1946624.html。

③ 参见《国家统计局：2023 年全国粮食总产量 69541 万吨 比上年增长 1.3%》，载中华人民共和国农业农村部网站，http://www.moa.gov.cn/ztzl/ymksn/xhsbd/202401/t20240117_6446099.htm。

④ 参见《国务院新闻办发布会介绍 2023 年农业农村经济运行情况》，载中国政府网 2024 年 1 月 23 日，https://www.gov.cn/zhengce/202401/content_6927914.htm。

⑤ 参见《汤魏巍：工业高质量发展扎实推进 新动能成长壮大》，载国家统计局网站，https://www.stats.gov.cn/sj/sjjd/202401/t20240118_1946696.html。

近 2/3 的行业产能利用率环比上升，其中化工、医药行业产能利用率分别为 76.7%、75.4%，环比上升均超过 2 个百分点[①]。

三是出口结构得到明显优化，全球贸易伙伴网越来越广，出口产品竞争优势突出且稳固。一方面，贸易对象多元化，贸易合作伙伴遍布全球。2023 年，中国对共建“一带一路”国家，拉美和非洲地区贸易均呈上升趋势。中国对共建“一带一路”国家进出口达 19.47 万亿元，增幅 2.8%；对拉美地区进出口 3.44 万亿，增长 6.8%；对非洲地区进出口 1.98 万亿元，增长 7.1%。2023 年第四季度对欧盟、美国进出口回暖，全年分别进出口 5.51 万亿，4.67 万亿元，分别占 13.2% 和 11.2%。另一方面，出口动能逐步实现新旧转化，“新三样”成为中国出口提质优化的重要缩影。2023 年“新三样”产品合计出口增长 29.9%，首次突破万亿元大关，达 1.06 万亿元。中国制造正向中国创造迈进[②]。

2. 显著提升生产创新力

从综合排名来看，2000 年中国国家创新指数全球排名仅 38 位，但到 2011 年，中国国家创新指数已居全球第 20 位。2023 年，中国科学技术发展战略研究院发布的《国家创新指数报告 2022—2023》显示，2023 年，中国国家创新指数综合排名已居世界第 10 位，是唯一进入前 15 位的发展中国家。北美目前仍是世界创新能力最为强大的地区，美国和加拿大两国的研究与试验发展（R&D）经费投入总量占全球 39.2%，欧洲地区整体表现强劲，R&D 经费投入总量占全球的 23.8%，而以中国为代表的东亚、太平

---

① 参见《汤魏巍：工业高质量发展扎实推进 新动能成长壮大》，载国家统计局网站，https://www.stats.gov.cn/sj/sjjd/202401/t20240118_1946696.html。

② 参见《国务院新闻办就 2023 年全年进出口情况举行发布会》，载中国政府网 2024 年 1 月 12 日，https://www.gov.cn/lianbo/fabu/202401/content_6925700.htm。

洋地区的主要国家表现优异，R&D 经费投入则已占全球的 33.1%，以北美地区为引领的世界创新格局，正逐步转变为亚美欧三足鼎立，科技创新中心“东移”的趋势更加突出。从衡量生产创新能力的三大主要指数来看，中国生产创新能力稳步提升且优势明显。企业创新力方面，每万名企业研究人员专利合作条约（PCT）国际专利申请量排名第 16 位，知识产权使用费收入占服务业出口贸易比重排名第 19 位，创新创收能力强劲。知识创造方面，中国有效发明的专利数量已达 227.9 万件，居世界首位。截至 2024 年 7 月，中国高被引论文数为 6.57 万篇，排名居世界第 2 位，占世界总量的 33.8%。创新资源方面，2020 年中国研发经费投入已占全球的 18.5%，稳居全球第 2 位，相当于美国研发经费投入的 49%。生产创新能力的提升，为中国新兴产业的壮大，企业实力的提升，品牌品质的提高发挥了重大助推作用，一大批以大数据、人工智能为代表的高新科技产业得到迅速发展。在 2023 年《财富》全球 500 企业榜单中，中国企业数量位居全球第一。截至 2023 年底，中国已累计培育 10.3 万家专精特新中小企业，其中“小巨人”企业 1.2 万家；2023 年制造业产品质量合格率达到 93.65%，较上年提高 0.36 个百分点。与此同时，中国品牌的知名度也在稳步提升。2023 年，中国有 48 家品牌入选《世界品牌 500 强》，位居全球第 3 位 ①。

3. 多元市场主体正释放发展新活力

从需求端来看，作为中国经济增长方式转型的加速器和稳定器，2023 年中央经济工作会议再次提出要“扩大中等收入群体规模”，而中等收入群

---

① 参见《向高：产业体系更加完备健全——迎接全国两会特稿②》，载中国政府网 2024 年 2 月 27 日，https://www.gov.cn/yaowen/liebiao/202402/content_6934532.htm。

体也正引领中国消费市场实现“增量创新”[①]。2023 年全国居民人均可支配收入 39218 元，比上年名义增长 6.3%，扣除价格因素，实际增长 6.1%[②]。实际上，自 2021 年中国如期打赢脱贫攻坚战，如期全面建成小康社会，中国已形成超 4 亿人的世界上规模最大、最具成长性的中等收入群体，其数量甚至超过了美国 2023 年的总人口数 3.35 亿。庞大的人口有力地发挥了对于经济发展的基础性促进作用，而内需对于经济的拉动作用也十分明显，2023 年内需对经济增长的贡献率达 111.4%，较上年提高 25.3 个百分点[③]。结合居民人均消费支出来看，2023 年全国居民人均消费支出 26796 元，比上年名义增长 9.2%，扣除价格因素影响，实际增长 9%[④]。从社会消费品零售总额来看，2023 年全年社会消费品零售总额同比增长 7.2%，达 47.15 万亿元，最终消费支出对经济增长的贡献率达 82.5%[⑤]。从供给端来看，丰富的经营主体为经济发展不断提供新动能。2023 年 7 月 20 日，《中共中央 国务院关于促进民营经济发展壮大的意见》发布，为促进民营经济发展壮大保驾护航。截至 2024 年 9 月底，中国实有民营经济主体总量达 18086.48 万户，占经营主体总量的 96.37%，同比增长 3.93%，10 余年间增长超 4

---

① 参见张冀，孙艳梅：《中等收入群体正引领中国消费市场实现“增量创新”——扩大中等收入群体比重》，载对外经贸大学新闻网 2024 年 3 月 12 日，https://news.uibe.edu.cn/info/1371/60318.htm。

② 参见《2023 年居民收入和消费支出情况》，载国家统计局网站 2024 年 1 月 17 日，https://www.stats.gov.cn/sj/zxfb/202401/t20240116_1946622.html。

③ 参见《奋进在高质量发展道路上》，载中国政府网 2024 年 1 月 19 日，https://www.gov.cn/yaowen/liebiao/202401/content_6927023.htm。

④ 参见《2023 年居民收入和消费支出情况》，载国家统计局网站，https://www.stats.gov.cn/sj/zxfb/202401/t20240116_1946622.html。

⑤ 参见《2023 年社会消费品零售总额同比增 7.2%》，载中国政府网 2024 年 2 月 6 日，https://www.gov.cn/lianbo/bumen/202402/content_6930516.htm。

倍[①]。从经济主体来看，2023年前三季度，全国新设民营企业706.5万户，同比增长15.3%，民营企业数量超过5200万户[②]。优化民营经济发展环境的政策目标有效达成，政策支持成效显著。

（三）中国式现代化的中国文化特色

文化是一面镜像，映现了中国式现代化的独特风采。国家之魂，文以化之，文以铸之，正是文化价值创新为中国式现代化赋能，为人类文明发展引领了方向。文化发展是国家复利式发展的一部分，中国已经通过持续的文化积累和创新，不断增强社会的文化认同感、凝聚力和软实力，促进经济和社会的协调发展。文化发展的长期效应强调文化在现代化进程中的重要作用，长期的文化传承和发展，有利于塑造国家的文化自信，提升国际影响力，实现经济与文化的双赢发展，将为中华民族伟大复兴提供坚实的基础和持久的动力。

1. 中国式现代化的文化基础

中国式现代化是根据实际国情、文化传统和实践经验，进行长期艰苦探索的重大成果。这种“中国特色”不仅源于中国式现代化的原始语境、领导作用和具体路径，而且是中国文化实现自身现代化并配合社会主义现代化进程的有效表达。一是历史文化传承与现代化进程的融合。习近平总书记指出：“中国式现代化，深深植根于中华优秀传统文化。”[③]“独特的文化传统，独特

① 参见《图表：我国民营经济主体10余年间增长超4倍》，载中国政府网2024年11月6日，https://www.gov.cn/zhengce/jiedu/tujie/202411/content_6985237.htm。

② 参见《前三季度全国新设民营企业706.5万户发展韧性持续显现》，载中国政府网2023年11月14日，https://www.gov.cn/lianbo/bumen/202311/content_6915131.htm。

③《习近平在学习贯彻党的二十大精神研讨班开班式上发表重要讲话》，载中国政府网，https://www.gov.cn/xinwen/2023-02/07/content_5740520.htm。

的历史命运，独特的基本国情，注定了我们必然要走适合自己特点的发展道路[①]。”历史文化传承是中国式现代化的重要基础，不仅为现代化进程提供了丰富的文化资源和精神支撑，也在现代化进程中得到了新的发展和创新。通过保护和传承历史文化遗产，弘扬中华优秀传统文化，中国在现代化进程中实现了传统与现代的有机结合，推动了文化复兴和国家发展。二是基于中国主流历史文化脉络的儒释道家传统思想在中国式现代化进程中发挥了重要作用。儒家优秀文化中的管理理念也被广泛应用于企业管理和国家治理中，如“以人为本”“仁政”等理念，在现代企业管理和政府政策中都有所体现。道教作为中国本土宗教，提倡顺应自然、追求和谐、重视养生和修行。在现代化进程中，道教的生态理念和养生文化得到了广泛关注和推广[②]。随着社会环保意识的增强，道教的生态智慧被认为对现代社会具有重要的启示和借鉴作用，许多环保项目和绿色发展政策都借鉴了道教的理念。此外，道教的养生文化在现代社会中也越来越受到重视。道教的养生方法和修行理念，有助于人们在快节奏的现代生活中保持身心健康。佛教在中国有着悠久的历史，其提倡的慈悲、智慧、平等的理念在现代化进程中也发挥了重要作用。佛教文化通过寺庙、僧团和佛教团体等形式，传播慈悲为怀、无私奉献的精神，这在现代社会中具有积极意义。通过弘扬和传承传统文化，推动文化复兴和社会进步，中国在现代化进程中实现了传统与现代的有机结合，促进了国家的发展和繁荣。三是文化自信是中国式现代化的重要内容，也是中华民族伟大复兴的重要标志。习近平总书记

---

① 《习近平谈治国理政》（第一卷），外文出版社 2018 年版，第 156 页。

② 参见吴忠民：《论中华优秀传统文化对中国式现代化的重要影响》，载《马克思主义研究》2024 年第 2 期。

在党的二十大报告中进一步强调要“推进文化自信自强，铸就社会主义文化新辉煌[①]”，阐明了中国特色社会主义文化与全面建设社会主义现代化国家的关系，将文化自信自强作为中国式现代化的必然选择与应有之义。新时代以来，通过政策支持、文化产业发展和国际文化交流，不断增强文化自信，为中国在国际舞台上展示自身文化、提升国际影响力提供了重要支撑。文化自信的增强，不仅提升了中华民族的自豪感和凝聚力，也增强了中国在国际事务中的话语权和影响力。在国际文化交流中，中国通过展示自身文化特色和价值观，增强了国际社会对中华文化的认同感和共鸣度。同时，与外部文化的对话与合作，也促进了中外文化的相互理解和包容，推动了世界文化的多样性和繁荣。

2. 文化创新不断丰富中国式现代化的内涵

中国式现代化的发展进程中同样面临着文化多样性的风险挑战，随着全球化和国际化的不断深入，不同文化间的交流更加频繁，同时文化间的竞争和摩擦不断加剧，“文明优越论”“文明冲突论”等杂音不绝于耳。中国文化需要坚守传统和适应多元，因此，中国式现代化必须以创新应对当前局面，不断调整文化发展策略从而适应现代社会的新需求[②]。

文明理念创新为中国式现代化提供了新的方向。中国式现代化以构建人类命运共同体的生动实践彰显对全人类共同价值的追求，在百年未有之大变局的时代背景下，中国要实现怎么样的发展道路，倡导什么样的文化

---

① 习近平：《高举中国特色社会主义伟大旗帜 为全面建设社会主义现代化国家而团结奋斗——在中国共产党第二十次全国代表大会上的报告》，人民出版社 2022 年版，第 42 页。

② 参见俞思念：《中国式现代化的文化形态：内涵与价值》，载《北京大学学报》（哲学社会科学版）2024 年第 1 期。

理念，是国际社会普遍关注的焦点[①]。中国在事关如何推动国际政治文明向前发展、事关全球治理前途命运的大是大非问题上，始终牢牢把握全球治理体系改革与建设的正确大方向，突出价值引领，倡导公平正义，先后提出全球发展倡议、全球安全倡议、全球文明倡议，充分展现积极应对全球性挑战的大国担当。秉持共商共建共享的全球治理观，始终坚持推动不同文明相互尊重、和谐共处，让文明交流互鉴成为增进各国人民友谊的桥梁、推动人类社会进步的动力、维护世界和平的纽带。毫无疑问，提出全球文明倡议将有助于推动世界合力应对急切的全球性挑战，减少冲突和对抗，通过平等、互鉴、对话实现人类和谐相处[②]。

在中国式现代化的进程中，文化产业的发展成为推动文化创新的重要动力。电影、电视剧、音乐和文学等文化产业不仅是经济发展的重要组成部分，也是文化传播和创新的主要载体。中国的文化产业近年来发展迅猛，取得了显著成绩。电影、电视剧、音乐等文化产业方面，市场规模迅速扩大，制作水平不断提高，题材更加多样化，涌现出大量优秀的作品。中国通过讲述中国故事、传递中国价值观，增强了文化自信，提升了国际影响力。文学产业方面，中国作家的作品越来越多地走向国际市场，获得了国际文学界的认可。网络文学的兴起，更是为文学产业注入了新的活力。许多网络小说被改编成影视作品，形成了文学与影视、游戏等产业的跨界融合。同时，文化产业的发展也为文化创意人才提供了广阔的舞台，激发了创新活力，推动了文化的繁荣与发展。

---

① 参见范玉刚：《以文化价值创新为中国式现代化赋能》，载《中国社会科学报》2023 年 3 月 20 日。

② 参见席来旺：《全球文明倡议：中国引领全球治理创新的新探索》，载中国社会科学网，https://www.cssn.cn/gjgc/gjgc_gcld/202303/t20230329_5616649.shtml。

3. 中国文化的国际传播

中国式现代化的发展离不开中国文化的国际传播，中国采取了多种手段促进中国文化的国际传播，其中最主要的包括设立孔子学院、中国文化产品推广和文化外交。这些努力不仅增强了中国文化的国际影响力，也为中国式现代化提供了强大的文化支持和持续发展的动力。

一是孔子学院在全球范围内的设立对传播中国声音起到重要作用。孔子学院是中国在全球范围内推广汉语和中华文化的重要平台，其主要任务是推广汉语教学和传播中华文化。通过提供汉语课程，孔子学院帮助世界各地的学生学习汉语，了解中国文化。孔子学院不仅在大学和中小学设立汉语课程，还为社会人士提供语言培训和文化体验课程。例如，孔子学院通过举办汉语桥比赛、文化讲座、书法和太极拳课程等，让学生亲身体验中国文化的魅力。自 2004 年第一所孔子学院在韩国首尔成立，孔子学院的全球布局迅速扩展。截至 2023 年底，中国已在 160 多个国家和地区设立了 500 多所孔子学院和 1000 多个孔子课堂，覆盖了各大洲的主要国家和地区。孔子学院在全球的布局和发展，不仅促进了汉语的国际传播，也推动了中外文化交流和相互理解，对中国文化的国际传播产生了积极影响。通过孔子学院，越来越多的人学习汉语，了解中国文化，增强了对中国的认同感和好感度。然而，孔子学院在全球的布局和发展也面临一些挑战。一方面，不同国家和地区对孔子学院的接受度和需求有所不同，如何根据当地情况调整和优化孔子学院的运营，是一个需要不断探索的问题。另一方面，孔子学院也面临一些政治和文化上的阻力，如何应对这些挑战，维护孔子学院的正常运营，也是一个需要重视的问题。

二是文化产品的推广和传播增强了中国文化的国际影响力。近年来，以中国影视、文学、音乐为代表的新型载体被称为文化出海“新三样”，正在全球刮起“中国风”。数据显示，2023 年海外原创网文作品约 62 万部，中国网络文学作品海外用户超 2.3 亿，翻译语种达 20 多种，覆盖全球 200 多个国家和地区，出海市场规模超 40 亿元，内容已形成 15 个大类 100 多个小类，都市、西方奇幻、东方奇幻、游戏竞技、科幻是前五大题材类型[①]。网络文学成为中国文化海外传播体系的重要组成部分。网剧方面，已实现由最初的“零星出海”到现如今的“批量出海”，出海的题材类型也由最初的“走海外只能依赖古装剧”到现如今古装、仙侠、悬疑、都市、家庭多个题材全面开花。同时，让观众直呼“上头”的微短剧，以其强烈的戏剧冲突、快节奏的剪辑手法，不仅在国内收获一批“死忠粉”，也在海外收获一批又一批观众。网游方面，报告显示，2023 年中国自主研发游戏海外市场实际销售收入为 163.66 亿美元，规模连续 5 年超千亿元，携带中国文化基因的游戏产品正不断丰富诠释着中国文化。[②]世界是具体的，而非抽象的。不同的社会，受众有着不同的心理需求。“民族的”产品要通过改造转化为“世界的”产品，以满足不同社会群体的需要，但在改造过程中要坚持自身的“中国基因”。

三是文化外交是中国文化国际传播的重要方式。通过举行文化交流活动、文化年、文化周等多种形式的文化外交，增进了中外文化的理解和交流，增强了中国文化的国际影响力。中国通过举办和参与各种文化交流活动，向世界展示中华文化的独特魅力。例如，中国文化艺术节、中国电影

① 参见《网络文学迎来新一轮全球化浪潮》，载中国商务新闻网 2023 年 12 月 25 日，https://baijiahao.baidu.com/s?id=1785315049942315336&wfr=spider&for=pc。

② 参见《文化“新三样”为何在全球刮起“中国风”？》，载中国政协网 2024 年 6 月 29 日，https://baijiahao.baidu.com/s?id=1803121244143939837&wfr=spider&for=pc。

节、中国美食节等活动，通过展示中国的艺术、电影、美食等文化元素，吸引了大量的国际观众和参与者。这些活动不仅是文化展示的平台，也是中外文化交流的桥梁，增进了中外文化的相互理解和认同。文化年和文化周是文化外交的重要载体。中国与许多国家和地区通过举办文化年和文化周，推动了双边和多边文化的交流与合作。例如，中法文化年、中俄文化年等，通过举办一系列丰富多彩的文化活动，展示了中国的文化和艺术，促进了中外文化的互动与融合。文化外交还包括文化机构和文化中心的设立，中国在许多国家和地区设立了文化中心和文化机构，这些文化机构和文化中心不仅是文化传播的重要阵地，也是中外文化交流的重要平台。

4. 中外文化交往的长期影响

中外文化交往通过增强彼此文化认同与社会凝聚力、提升文化软实力与国际影响力、促进文化创新与经济发展，为推进中国式现代化提供持久动力。这种文化积累和发展的长期效应，不仅塑造了国家的文化自信，也为实现中华民族伟大复兴提供了重要支撑。

一是文化认同与社会凝聚力不断增强。文化认同的增强有助于构建社会主义共同的价值观和社会共识。在中国的现代化进程中，传统文化与现代价值观的融合形成了独特的社会主义核心价值观。这些价值观通过教育系统、媒体宣传和公共政策得以广泛传播和深入人心，增强了社会成员的认同感和归属感。例如，通过在教育体系中加入传统文化课程和社会主义核心价值观的内容，学生可以从小接受文化熏陶，形成对中华文化的深厚认同。这种共同的价值观和社会共识在面对重大挑战和危机时，能够有效凝聚社会力量，促进社会的团结与和谐。中国是一个多民族、多文化的国家，中外文化交往通过推动文化交流与融合，增强了社会的包容性和多样性。例如，通过支持和推广各民族文化，举办民族文化节和多元文化交流活动，充分促进了不同文化之间的理解和尊重。这不仅有助于减少文化冲突和社会分裂，还增强了各民族之间的团结和凝聚力，为中国式现代化提供了和谐的社会环境。在现代化进程中，中国通过复兴和弘扬中华文化，增强了人民的文化自豪感和自信心。文化自信不仅体现在对传统文化的保护和传承上，还体现在对现代文化创新的积极态度上。通过不断创新和发展，中华文化在全球舞台上展现出独特魅力和强大影响力，增强了国民的自信心和自豪感，为中国式现代化提供了精神动力和文化支持。

二是文化软实力与国际影响力得到显著提升。文化软实力的提升通过国际文化交流与合作得以实现。中国积极参与国际文化交流活动，通过文化节、展览和演出等多种形式，向世界展示中华文化的丰富内涵和独特魅力，不仅提升了中国的国际形象，还增强了其他国家对中国文化的认同和尊重，为中国的国际关系和外交政策提供了支持。随着中国文化影响力的增强，中国在国际组织和多边机制中的话语权和影响力也不断提升。例如，中国通过积极参与联合国教科文组织、世界文化遗产保护等国际事务，展示了负责任的大国形象，赢得了国际社会的广泛认可和支持。随着文化软实力的提升，中国能够更好地传播自身的发展理念和价值观，推动全球治理体系的改革和完善，为全球的和平与发展贡献中国智慧和中国方案。通过文化交流和合作，中国在经济和科技领域也获得了更多的国际合作机会和资源。例如，通过“一带一路”倡议，中国与共建国家在文化、经济和科技等领域开展了广泛合作，促进了区域经济的共同发展和繁荣。文化软实力的提升不仅增强了中国在国际经济和科技竞争中的地位，还为中国式现代化提供了更广阔的发展空间和更坚实的国际支持。

三是文化产业是中国经济的重要组成部分，通过创新驱动和市场化运作，实现了快速发展和壮大。例如，影视产业、出版产业、数字文化产业等通过内容创作、技术创新和市场拓展，不断提升产品质量和市场竞争力。这不仅为经济发展提供了新的增长点，还创造了大量就业机会，提升了人民的生活质量。通过将传统文化元素融入现代产业，推动了传统产业的转型升级，提升了经济的整体竞争力。例如，传统手工艺与现代设计的结合，推动了工艺美术产业的发展；传统文化旅游资源与现代旅游服务的结合，推动了文化旅游产业的繁荣。这种产业升级和转型，不仅提高了经济效益，还增强了文化的市场价值和社会影响力，为经济的可持续发展提供了有力支持。文化创新推动了科技与文化的深度融合。随着科技的进步和发展，文化与科技的融合成为一种新趋势，这种融合有效推动了新兴产业的发展和经济结构的优化。例如，通过数字技术、人工智能、虚拟现实等现代科技手段，传统文化元素得以数字化、互动化和全球化传播，形成了新的商业模式和经济增长点。这种科技与文化的深度融合，不仅提升了文化产品的创新性和吸引力，还推动了经济的高质量发展，为中国式现代化提供了新的动力和支持。

（四）中国式现代化与可持续发展

可持续发展与绿色发展是当今世界经济发展的重要方向及政治导向，它们不仅关乎环境保护，更是关乎国家和世界长远发展的根本。改革开放以来，中国坚持走绿色发展与可持续发展之路，中国的国家复利式发展具备可持续性。

1. 习近平生态文明思想指引中国式现代化道路的可持续性

习近平生态文明思想揭示了经济发展的客观规律，指引了绿色发展的未来方向，也是中国式现代化道路可持续性的理论基础。气候变化和碳排放空间约束是生态环境领域面对的首要问题，而以政策措施和投资活动降低温室气体排放，其所处的思想层面存在一定的局限性，需要进一步提高到人与自然和谐共生以及构建人类命运共同体的高度。在“绿水青山就是金山银山”的理念指引下，需要辩证看待经济与生态在演进过程中的相互关系。

可持续发展强调经济、社会和环境之间的平衡，旨在满足当前需求的同时不损害未来世代的需求。大国在实现经济增长的同时，应当着眼于保护环境、改善民生、提升社会公平，这些因素的协调发展才能带来长期稳定的社会繁荣。绿色发展是可持续发展的重要组成部分，强调采取环保、低碳、可再生的发展方式和生产模式。在能源、工业、农业等领域推广普及绿色技术，不仅减少了对有限资源的过度开采，还降低了环境污染和碳排放，从而实现了生态环境的持续改善。这种可持续发展与绿色发展所带来的复利式发展效应，体现在长远的国家竞争力和全球影响力上。中国坚定不移地走可持续发展道路，不仅增强了国家的自主创新能力和经济韧性，更在国际社会树立了大国形象和榜样。这种积极的影响将在全球范围内逐渐扩大，推动更多国家加入可持续发展和绿色发展的行列，共同应对全球性的环境和发展挑战。

因此，可持续发展与绿色发展确实为国家复利式发展带来可持续性，只有在这种基础上，大国才能实现长期、稳定和可持续的发展，为人类社会的未来奠定坚实的基础。

习近平生态文明思想作为中国发展的重要指导思想，对于中国式现代化道路的可持续性起至关重要的指导作用。习近平生态文明思想强调人与自然的和谐共生，在中国式现代化道路中，这一理念意味着发展必须以保护生态环境为前提和基础。中国面临着人口众多、资源环境压力大的挑战，因此必须倡导节约资源、保护环境的发展模式，确保经济增长不以牺牲环境为代价。同时，习近平生态文明思想倡导绿色发展和可持续发展，这种发展模式要求在经济增长的同时，注重生态环境保护和资源利用效率，推动技术创新，采用清洁能源，实现生产方式的转型升级，从而确保发展的可持续性和社会的长期稳定。

习近平生态文明思想提倡生态优先、保护优先的理念。中国在实现现代化进程中，积极推动生态保护工作，加强生态系统修复和保护，保护生物多样性，提高全社会的环保意识和行动力，已逐渐形成了独具中国特色的生态文明发展路径。习近平生态文明思想指引中国式现代化道路的可持续性，充分体现在对环境、资源、生态等方面的高度关注和有效治理上，不仅影响了中国国内的发展路径，也为全球生态文明建设提供了宝贵的经验和借鉴。生态文明理念的持续推动将为中国式现代化进程注入更多的绿色和可持续的动力，助力中国实现更加美好的未来。

2. 生态价值中的复利式发展

挖掘生态红利，是中国开展绿色产业转型和绿色投融资活动的重要目标。无论是从复利的角度，还是信用的角度，生态环境价值都充分融入到绿色投融资活动之中，在碳排放空间约束越来越收紧的背景下，生态价值将在全球范围内将得到更大程度的认可。

一方面，从复利的角度，运用习近平生态文明思想推进绿色发展，生态红利的未来价值将得到确认，生态兼容性产品（清洁能源、碳减排技术、碳汇项目等）的未来收益得以计算并积累了复利式发展效应，绿水青山向金山银山转化的方式和程度也得到确定，同时不利于绿水青山的高污染高排放产品将被确认为生态负价值，在碳排放空间约束不断收紧后，生态红利的利率和风险将低于两高产品，前者现值将高于后者，绿色溢价将降低并转为负值，充分实现了生态红利的最大化，市场行为也将朝着生态与经济兼容最优的方向进行。

另一方面，从信用的角度，拥有金山银山可以提高信用主体的信用水平，而生态红利的充分挖掘，则将使得绿水青山成为最优的信用，也是持久的、可持续的信用来源。生态文明成为生态价值的来源，促使建立在信用体系上的金融系统在生态文明建设下不断向绿色发展倾斜。

在习近平生态文明思想中，要实现人与自然和谐共生，客观上需要应对资源环境生态约束。在全球气候变化的背景下，习近平生态文明思想的提出和深入在应对碳排放约束的形势下占据了正确的优势时机。首先，从群众认知的角度，中国目前正从发展中国家步入中等收入国家，在这个过程中，人民群众对于生态环境的认识较高，并且在对美好生活的需求中兼具对经济发展和生态环境的需求，生态文明建设具有牢固的群众基础。其次，从产业结构和发展阶段的角度，中国正处于工业化和城市化进程的关键时期，尤其是经济转型期和多种国际变局交汇的十字路口，运用习近平生态文明思想，探索人与自然和谐共生的现代化社会运行规律，是提升中国在世界产业链中所处位置的重要手段。其中，绿色金融也是碳排放约束下创造新增长极的优势领域。最后，从民生角度，构建美好的生态环境是符合人民群众需求的重要目标，习近平生态文明思想兼顾生态环境建设与经济发展充分符合可持续发展理念，避免了任何为了经济发展而牺牲环境或者为了减少环境影响而关停生产的错误方法。

3. 将绿色收益纳入国民财富系统

在推动国家复利式发展实现的过程中，生态价值将被纳入财富系统之中，金融活动是以资金的跨时空流动为表现形式的，其载体是货币，其中也伴随着财富的增值或转移。财富的形成具有一定的惯性，工业文明以来，工业生产活动、人民生活与社会活动主要依赖于含碳资源的能源化过程，资产的计价、财富的形成和积累也与这一过程的方向相一致，但这一过程一直是朝着自然资本退化的方向进行的。建筑物、基础设施、矿产、化石能源等是资产和财富，但在碳排放空间约束的条件下，风险和环境挂钩、收益与碳排放脱钩的趋势逐渐增强，金融市场的资产配置行为正在逐渐产生相应的财富脱碳倾向。当前的 GDP 统计模式尚无法确定一国发展的可持续性，同时物质生活的范围，也在随着人类需求的进阶而扩展，从而财富的核算也应当考虑到其产生未来福祉的潜力。在此趋势下，绿色发展和国家复利式发展对财富赋予新的诠释。在人与自然和谐共生的理念下，生态财富与人类财富应当系统性地融为一体，金融系统中的价值评估体系必然会在绿色金融的理论框架下产生绿色生态变革。因此，绿色收益将在国家复利式发展中被纳入国民财富系统，这将有助于全面评估经济发展的真实成果，并推动实现可持续发展和环境保护的目标。传统的国民财富系统主要以国内生产总值（GDP）为核心指标，衡量经济增长和国民生活水平。然而，GDP 并未全面反映生态环境状况和资源利用效率，忽视了环境质量和生态系统健康状况对经济发展的重要影响。

一是实现了将自然资源的价值计入国民财富之中。自然资源的开采和利用一直被视为一种增加 GDP 的行为，但资源的稀缺性和对未来发展的影响并未充分反映。通过计量自然资源的耗竭和污染对经济的负面影响，可以更全面地评估国家财富的真实增长情况。

二是将生态环境服务的价值纳入国民财富系统。生态系统为人类提供了诸如水资源、空气质量、土壤保护、生物多样性等重要服务，这些服务对经济发展和社会福利至关重要。将这些生态服务的价值纳入国民财富系统，有助于更准确地衡量经济活动对环境的影响和对自然资源的依赖程度。

三是在推动绿色经济发展和实现可持续发展目标的过程中，将绿色收益纳入国民财富系统可以促使政府和企业更加重视环境保护和资源管理，制定更加符合可持续发展原则的政策和措施。这有助于推动经济向绿色低碳发展转型，提高资源利用效率，降低环境污染，实现经济增长与生态环境保护的良性循环。同时，将绿色收益纳入国民财富系统是实现经济可持续发展的重要途径，这不仅是对传统经济指标的补充和完善，更是适应当今社会对生态文明建设和可持续发展的迫切需求。通过这一举措，可以更加全面地把握国家发展的全貌，确保经济增长的同时保护生态环境，推动国家复利式发展可持续性的实现，为子孙后代留下更美好的生活环境和更丰富的自然遗产。

4. 绿色发展赋能中国式现代化的未来

绿色发展是未来中国式现代化道路不可或缺的核心推动力，它将为经济社会发展注入可持续性和创新力，推动中国走向更加美好的未来。

绿色发展体现了对环境保护和生态平衡的高度重视，是一种可持续发展理念，对于实现国家复利式发展的可持续性具有重要的意义。随着工业化和城镇化进程的加速，中国面临着环境污染、资源短缺等挑战。而通过倡导绿色发展，采用清洁能源、绿色技术和循环经济模式，中国将能够有效应对这些挑战，实现经济增长与环境保护的良性互动，为居民创造更健康、更宜居的生活环境。在工业革命时代，人类往往以牺牲环境为代价追求经济增长和社会进步，从而导致了严重的生态问题和资源浪费。然而，随着人们环境意识的提升和全球气候变化的日益严峻，绿色发展成为摆脱传统发展模式的重要途径。绿色发展强调在经济发展的同时注重保护环境，追求资源的有效利用和生态系统的健康发展。这意味着要推动清洁能源的使用，减少污染物和温室气体排放，倡导循环经济，促进生物多样性保护，以及采用可持续的城市规划和农业生产方式等。这些举措不仅有助于减少对自然资源的过度开采和对环境的破坏，还能够提高生活质量，降低生态环境带来的社会成本。绿色发展也是对未来世代负责的表现。通过保护和修复生态系统，我们能够为子孙后代留下更美好的生存环境和丰富的自然资源。绿色发展的实施需要政府、企业和公众的共同努力，形成全社会的绿色意识和行动。

绿色发展也将成为推动科技创新和产业升级、培育新质生产力的重要动力。在全球范围内，绿色发展已成为引领经济转型和社会进步的关键理念，其对科技创新和产业升级的影响尤为显著。绿色发展促进了科技创新的崛起，为了实现可持续发展目标，人们需要开发和应用新技术，推动绿色能源、清洁生产、环境监测等领域的创新。这要求科研机构和企业加大投入，研发出更高效、更环保的技术和产品，例如，太阳能、风能等清洁能源技术，循环利用和资源节约的先进制造技术以及智能环保设备等。同时，绿色发展助推了产业结构的升级和转型。传统高耗能、高排放的产业模式日益受到限制，而新兴的绿色产业却呈现出蓬勃发展的势头。绿色能源、环保科技、清洁生产、循环经济等领域的新兴产业逐渐崛起，成为经济增长的新动力。产业升级和转型不仅提高了生产效率和竞争力，也为社会创造了更多就业机会，推动经济向着更加可持续和生态友好的方向发展。绿色发展还激发了全球合作和交流。面对气候变化和环境问题，国际社会呼吁加强合作，共同应对挑战。各国在绿色技术开发、知识共享、政策制定等方面展开合作，推动全球绿色发展进程，共同推动科技创新和产业升级。

此外，绿色发展也是实现社会公平和可持续发展的重要路径。一方面，发展绿色产业和推广环保技术需要大量的人才资源，这为就业创造了新的机会，尤其是为新人才提供了更多新兴就业岗位。同时，绿色发展也带来了更加公平的收入分配机制，使得社会资源更加均衡地分配，减少了贫富差距，增强了社会的稳定性和包容性。另一方面，绿色发展倡导生态补偿和生态保护，通过生态保护补贴、环境税收政策等方式，绿色发展可以引导企业和个人更加注重生态环境的保护和修复。

总而言之，绿色发展将充分赋能中国式现代化，使其更具包容性、创新性和可持续性。在新发展理念引领下，中国将在促进经济建设的同时，注重生态文明建设，实现资源节约型、环境友好型的社会发展模式，为全球绿色发展进程作出积极贡献。绿色发展不仅是实现中国式现代化的必然选择，更是推动中国经济社会实现高质量发展、实现民族伟大复兴的战略选择。通过坚定不移地走绿色发展之路，中国将在新时代开创出更加美好、更加可持续的未来。

第五章

进一步全面深化改革，持续显现中国的国家复利式发展特征

一般而言，金融财富要实现长期复利需要有完备的投研和风控体系支撑，因为长期复利的实现有两个前提，一是稳定的收益率，避免严重亏损；二是足够长时间的积累。在持续的牛市中，投研和风控体系显得并不重要，而牛市一旦结束，不同投资者的收益将出现分化，投研和风控则十分必要。经济增长与投资复利有着相同的逻辑。一旦支撑经济高增长的外生和内生因素显著弱化或反转，维持经济平稳增长对制度改革的要求也会相应提高。如果相关改革滞后，可能无法弥补不利因素对社会预期的冲击。

从广义范畴来看，国家复利式发展的内涵不仅包括金融意义上财富的长期增值，也包括在更广泛的领域，社会和公民个人达到更高的发展层次，以及“涌现”式创新突破可能性的提高。中国的经济发展具有其他经济体不可比拟的基础深厚、体量庞大、制度特色等优势，但现有经济和社会管理体制机制在发展过程中也积累了一些矛盾和问题，党的二十届三中全会通过的《关于进一步全面深化改革 推进中国式现代化的决定》提出，要“紧紧围绕推进中国式现代化进一步全面深化改革”[①]。2024 年中央经济工作会议提出，要“发挥经济体制改革牵引作用”。[②] 为此，深入解码改革开放以来持续高增长的制度基因，并在此基础上总结经验教训，进一步全面深化改革，推进高水平对外开放，在科技、金融、产业等各个领域持续夯实高质量发展的根基，才能为中国经济和社会未来的复利式发展奠定坚实基础。

---

① 《中共中央关于进一步全面深化改革 推进中国式现代化的决定》，载中国政府网 2024 年 7 月 21 日，https://www.gov.cn/zhengce/202407/content_6963770.htm。

② 《中央经济工作会议在北京举行》，载《人民日报》2024 年 12 月 13 日。

（一）进一步全面深化改革的理论基础

1. 制度经济学和中国的地方政府竞争

道格拉斯·C. 诺思对制度经济学的开创性贡献促使经济学家开始关注制度因素在一国经济增长中的重要作用。制度在社会经济发展中具有更为基础性的作用，它是决定长期经济绩效的根本因素。随着经济发展水平的提升，分工的日益精细化，粗放式投资的回报率趋于下降，维持市场的有效运转和经济的持续增长对于制度提出了更高要求。因此，制度约束有着鲜明的时代特征，应随着经济发展阶段而变迁。而变迁的过程一般是渐进式的，通常由构成制度框架的规则、规范和实施结构的边际调整组成。制度变迁的主角是那些能对根植于制度框架内的激励作出反应的私人企业家。

中国的改革开放从最初动力上说，是自上而下推动的，因此属于强制性制度变迁的范畴[①]。准财政联邦制和地方政府竞争理论应该说是国内外学者对中国改革开放以来经济增长范式在制度层面的思考。

查尔斯·蒂布特[②]提出的地方支出理论是财政联邦理论的起源。其核心思想是，地方政府分权相对中央政府能够更好地解决公共品供给问题。与中央政府相比，地方政府更了解辖区内民众的需求，因此能够更有效地提供有效的公共产品，有助于弥补中央政府的信息不对称问题，同时，居民自由迁徙这种“用脚投票”的机制也有助于激励地方政府。由于地方政府

---

① 参见赵晓：《中央地方关系：对财政联邦制的再思考》，载《中国发展观察》2007年第8期。

② See Tiebout C. M. , *A Pure Theory of Local Expenditures*, 64 Journal of Political Economy416(1956).

收入与居民净流出程度成反比，这必然引发地方政府间的竞争。地方政府间的这种竞争机制可以影响其公共支出决策。这一理论也被称为“传统联邦主义”或“第一代联邦主义”，也是地方政府竞争研究最重要的理论基础。

“传统联邦主义”有很严格的约束条件，这些条件对于许多发展中国家的地方政府竞争现象缺乏解释力。特别是中国的高速增长背后的激励制度安排与西方意义上的标准范式并不相同。为此，巴里·温加斯特[①]提出了“市场维护型联邦主义”（Market-preserving federalism），也被称为“第二代联邦主义”。这一理论将地方政府的职能从提供公共服务拓展到促进经济增长，通过对中国和俄罗斯等经济转型国家的经验研究指出，政府职能转变和政治经济领域同步推进的改革对经济增长的重要性。

中国政府间关系呈现中央集权、地方分权、横向协调和整合度低三个特征，被称为中国政府治理的“集权—分权悖论”[②]，具体体现为中央政府掌握着经济和政治的主导权，但将经济管理的权限下放，通过财政分权机制向地方下放预算决策权并签订财政包干合同。中国的地方政府激励理论包括经济激励和政治激励两派观点。

经济激励主要代表为中国特色财政联邦制下的财政分权，主要体现为财税激励。钱颖一[③]等学者在温加斯特的基础上进一步提出了“中国特色的联邦主义”（Federalism，Chinese Style）假说。该理论认为，中国地方政

① See Weingast Barry R. ,*The Economic Role of Political Institutions: Market-Preserving Federalism and Economic Development*, 11 The Journal of Law, Economics, and Organization1(1995).

② 参见 周黎安:《转型中的地方政府：官员激励与治理》，上海人民出版社 2008 年版，第 201 页。

③ See Qian Y, Roland G., *Federalism and the Soft Budget Constraint*, American Economic Review1143(1998).

府的强激励有两个基本原因，一是行政分权，地方政府拥有相对自主的经济决策权。二是以财政包干为内容的财政分权改革，使地方可以与中央分享财政收入。正是这两方面的激励使得中国地方政府有较大的动力推动地方经济增长。

政治激励以“晋升锦标赛”为代表。周黎安[①]提出了地方政府强激励背后的政治激励，即地方官员的晋升锦标赛。他认为，虽然行政与财政分权确实构成地方政府激励的重要来源，但分权改革以来，地方政府的行为背后还存在一种更基础的激励力量，即地方官员“晋升锦标赛”。“晋升锦标赛”不是在任何一种政治体制下都可以发挥效力，至少需要具备一定的技术前提。以下四方面的政治与经济条件决定了中国适合采用“晋升锦标赛”的模式。一是中国是中央集权的国家，中央有集中的人事权，可以决定一定的晋升和提拔标准，并根据下级政府官员的绩效决定升迁。二是各参赛主体即政府官员的“竞赛成绩”是相对可分离和可比较的。在中国，无论是省与省之间，还是在市、地区、县、乡之间都有非常相似的地方，他们的绩效相对容易进行比较。三是参赛的政府官员能够在相当程度上控制和影响最终考核的绩效，如果被考核的指标与参赛人努力之间的关联度太弱，激励效果将会很小。而在中国目前的行政体制下，地方官员掌握着最重要的地方经济资源，对地方经济发展具有巨大的影响力和控制力。四是参与人之间不容易形成合谋。而跨地区的地方政府官员之间的合谋在中国目前的晋升体制下不是一个现实的威胁，地方官员之间的高度竞争才是常态。

---

① 参见周黎安:《中国地方官员的晋升锦标赛模式研究》，载《经济研究》2007 年第 7 期。

此后不少学者认为“晋升锦标赛”的说法并不准确[①②③]，或增长动力更多是财政激励制而非“晋升锦标赛”[④]，也有研究发现“晋升锦标赛”只在部分地区存在[⑤]，或只对中低层官员实质性影响较大，而对高层官员影响有限[⑥]，但这些质疑更多涉及的是对地方政府竞争内涵的理解和存在的广泛性上认识的差异，而地方政府竞争对中国经济的促进作用是不争的事实。

无论地方经济增长背后的激励模式是财税激励还是政治激励，这一模式对中国经济的影响均具有两面性。即在推动中国经济高增长的同时，也带来了诸多问题，降低了经济增长质量。高速经济增长不仅直接带来了严重的环境污染和能源消耗，也形成了土地、资源等被人为扭曲的要素价格，加大了地方保护主义和地区间恶性竞争，导致重复建设，过度投资，推高了政府债务，积累了较大的潜在金融风险。在这个意义上说，地方财税激励与“晋升锦标赛”是中国粗放型经济增长的制度根源之一[⑦]。只是在经济转型的早期，来自分权的收益更大，分权带来的问题也容易为经济的高增长所消化，但是随着经济增速放缓和经济结构转型升级，分权的问题则日益凸显。那么原有的地方经济和政治激励模式对于处于高质量增长阶段的

---

① 参见陶然等:《经济增长能够带来晋升吗?——对晋升锦标竞赛理论的逻辑挑战与省级实证重估》，载《管理世界》2010 年第 12 期。

② 参见杨其静、郑楠:《地方领导晋升竞争是标尺赛、锦标赛还是资格赛》，载《世界经济》2013 年第 12 期。

③ 参见陶然、苏福兵:《经济增长的“中国模式”——两个备择理论假说和一个系统性分析框架》，载《比较》2021 年第 3 期。

④ 参见吕冰洋、陈怡心:《财政激励制与晋升锦标赛：增长动力的制度之辩》，载《财贸经济》2022 年第 6 期。

⑤ See Lü X, Landry P F. , *Show Me the Money: Interjurisdiction Political Competition and Fiscal Extraction in China*, 108 American political science Review 706 (2014).

⑥ See Landry P F, Lü X, Duan H., Does Performance Matter? *Evaluating Political Selection Along the Chinese Administrative Ladder*, 51 Comparative Political Studies 1074 (2018).

⑦ 参见周黎安:《中国地方官员的晋升锦标赛模式研究》，载《经济研究》2007 年第 7 期。

中国是否依然适用呢?

应该说，随着中国经济的发展，地方激励模式的基础前提是有显著量变，但未发生质变。第一，经过数十年的发展，中国不同地区经济发展的异质性增强，使用统一指标简单横向比较并不科学。第二，地方政府对当地经济发展的控制能力已显著下降。原因是多方面的，一是随着简政放权和市场化改革的推进，私营部门经济占比提升，政府对经济的行政干预手段大幅减少；二是随着户籍制度改革的推进，人力资本跨区域的流动更加自由；三是随着金融体系的垂直化改革完成和政府债、城投债发行制度演变，跨区域配置资源能力更强的直接融资市场得以发展，地方政府对于金融资源的直接控制力下降。因此，单一的经济增速越来越不能充分反映地方官员的经济管理能力。但中央集权和准财政联邦的架构是稳定的，中国政府掌握的资源依然远远超过发达国家的政府，因此准财政联邦制、财政分权下地方政府间的经济竞争依然适用于当前的中国，但如何对其改革完善，使其更好地发挥对经济增长的促进作用尤为紧迫。地方政府考核机制改革是解决这一问题的重要抓手。传统政府治理更倾向于强激励、弱约束、结果导向；而政府的现代化治理更强调弱激励、强约束、结果与程序并重。在这一导向下，政府应依法合规办事、做好公正的“裁判”而非直接下场参赛、冒险博取机会。

2.“涌现”及其应具备的系统条件

从广义上讲，国家复利式发展的内涵不仅包括金融意义上财富的长期增值，也包括在更广泛的领域，社会和公民个人达到更高的发展层次，以及突破式创新可能性的提高。这一可能性又必须建构在坚实而持久的经济增长基础之上。这类似于复杂性科学领域中“涌现”（Emergence）的概念。

“涌现”是一个由整体以不可还原的方式取得创新成果的过程，是指当大量个体聚集在一起，个体之间相互作用，从而使得整体拥有了和个体完全不同的新属性、规律或模式的一种现象。即高阶行为倾向于从相互作用的低阶行为中涌现，其结果通常不是线性的，也远超简单的加总，且无法追溯到单一的原因。对“涌现”现象最初的研究限定在那些能用规则或定律清晰描述的系统，如蚁群、神经元网络系统、人体免疫系统、互联网等。在这些复杂系统中，整体的行为要比其各个组成部分的行为复杂得多。

系统的体量、组织架构、稳定性和长期积累是“涌现”发生的前提。约翰·霍兰[①]认为，稳定模式之间的相互作用带来了约束和校验，随着这样的模式数量的增加，系统的“能力”也会增强。随着个体数量的增长，系统会表现出新的能力。“涌现”还与组织架构相关，组织应该是一个复杂的自适应系统，其运行的结果不是可预测的或线性的，而是取决于各部分之间的交互和反馈循环。即使是最简单的稳定模式，在生成过程中出现的概率也是极低的，但只要这个生成过程持续时间足够长，那么这个稳定模式就一定会出现，并且会一直持续下去，并同其他稳定模式相结合，进而出现更大的、稳定性和能力更强的模式。自组织（Self-organization）[②]允许系统的组件相互交互和协调，而无须过多自上而下的控制或层次结构，同时使它们能够根据本地信息和反馈作出决策并采取行动。此外，多样性鼓励系统各组成部分之间观点、技能、经验的多元化，促进学习和创新的包容、尊重和对话。适应性使系统的组件能够根据不断变化的条件和挑战而敏捷

① 参见［美］约翰·霍兰:《涌现：从混沌到有序》，陈禹等译，上海科学技术出版社 2006 年版，第 242-269 页。

② “自组织”是指混沌系统在随机识别时形成耗散结构的过程，主要用于讨论复杂系统，因为一个系统自组织功能越强，其保持和产生新功能的能力也就越强。

地响应和调整，也维护了系统的稳定性。

“涌现”被认为也会出现在那些至今还没有普遍认可的规律可循的领域，如道德及伦理系统、经济社会的发展、国家的演变、脑海中产生想法等。从经济社会发展的层面看，基于“涌现”对系统的体量、组织架构、稳定性和长期积累等条件的要求，这一现象更有可能发生在制度完善、政治稳定、经济有一定积累基础的大国。在这样的大国内部，当许多不同地区同时采取地方行动时，就自下而上地开始了自然的变革，而当这些局部的变革相互联系、融合时，地方行动就可以成为一股强大的力量，在更大的范围内和层面上产生影响[①]。从这个角度理解，中国进一步全面深化改革正是为了改善国家的组织架构，提升社会复杂系统的自适应能力和稳定性，确保积累的长期性，这与复杂性科学领域中“涌现”应具备的条件具有惊人的一致性。

“涌现”需要具备的系统条件决定了这一现象更可能出现在中美这类经济体量较大的国家。从互联网到 ChatGPT 的诞生，美国在前沿科技领域的发展体现出了典型的“涌现”效应。中国在一些领域已开始出现“涌现”的苗头，比如过去十多年以来，互联网经济的快速发展及一些高端科技领域取得的突破性进步，也包括在广泛社会生活领域的创新型供给为民众日常生活质量和社会运行效率带来的质变式提升。鉴于中国的人口规模更为庞大、社会结构的复杂性和多元性等特点，可以预见，一旦分割的要素市场整合完毕，制度建设更加完善，经济增长的基础将进一步夯实，中国社会全方位的“涌现”现象必将更为壮观。

---

① See Wheatley M & Frieze D. , *Using Emergence to Take Social Innovation to Scale*, 9 The Berkana Institute 147 (2006).

（二）政策引导市场预期不畅的主要原因

1. 外部干扰与内部不利因素的叠加效应

美国陡峭的货币政策走势对全球金融市场，特别是发展中国家，产生巨大的溢出效应。美国联邦基金利率从2022年3月到2023年7月连续加息11次，导致中美利差出现了史上少有的倒挂幅度。随着地缘政治风险的加大，中国又处于当前大国博弈的中心，而全球投资者普遍将地缘政治风险纳入投资决策的考量中，这给中国的资本流动、人民币汇率、A股和H股的资本市场、房地产市场带来显著冲击。

外界强干扰与国内人口总量有所减少，体量庞大的传统产业面临增长拐点，环境资源约束上升等多重不利因素叠加，给中国经济带来较大的挑战，对享受了数十年经济高增长红利的中青年民众的心理预期冲击较大。在这一背景下，中国不仅需要足够大力度的政策刺激，更需要大力度推进制度性改革，方能扭转不利因素的叠加效应对心理预期的影响。

2. 政策落实难及其背后的体制性因素

2023年底的中央经济工作会议多次强调政策的落实问题。如郑永年教授所说，中国改革的顶层设计已经到位，但如果解决不了官员不作为的问题，顶层设计就会变成空中楼阁。二十届中央纪委三次全会公报要求，重拳纠治干部群众反映强烈的形式主义、官僚主义[①]。地方落实政策不到位，可能是客观原因，如基层政府任务繁杂，资源和人员配置不足导致服务能力不足等问题，特别是在贫困地区；也可能是主观原因，如基层政府在落

① 参见《中国共产党第二十届中央纪律检查委员会第三次全体会议公报》，载中央纪委国家监委网站，https://www.ccdi.gov.cn/toutiaon/202401/t20240110_321181.html。

实中对政策理解不到位，地方保护主义，或监督机制不足，地方官员懒政等原因。比如，一些地方在城市管理、环保等领域采取一刀切的粗暴手段，损害了企业和民众的利益。还有政策本身导致的“水土不服”。有的政策出台前调查研究不充分，或出台前没有充分研究吸纳社会各界反馈的意见，没有充分考虑各地实际情况的差异，可能并非地方官员执行不力，而是根本难以落地。政策落实难背后的体制性问题也是老百姓看得到的，久而久之，老百姓对政策就产生了预期钝化，自然就会降低对政策的预期。

要抓政策落实，更要看到政策难落实背后的体制性问题。党的二十大报告指出，要“转变政府职能，优化政府职责体系和组织结构，推进机构、职能、权限、程序、责任法定化，提高行政效率和公信力”[①]。

一是地方官员政绩考核体系改革滞后。2020 年 10 月，中共中央组织部印发《关于改进推动高质量发展的政绩考核的通知》，强调要把人民群众的获得感、幸福感、安全感作为评判领导干部推动高质量发展政绩的重要标准，要增强政绩考核群众参与度，在政绩考核中充分反映群众感受、体现群众评价。然而当前地方官员考核评价的规范性依然不足，如考核指标单一、短期经济增速权重高、容错率低，难以适应经济高质量发展的需要。地方官员为了不犯错，只能层层加码，基层在政策执行出现问题后又缺乏相应的反馈和纠错机制。

二是政府职能转变、部门协作机制完善推进不足。政府对经济的行政性干预依然偏多，政府职能转变力度不够，距离“让市场在资源配置中起决定性作用”的目标还有一定的差距。比如个别典型的社会关注度高的舆

---

① 习近平:《高举中国特色社会主义伟大旗帜 为全面建设社会主义现代化国家而团结奋斗——在中国共产党第二十次全国代表大会上的报告》，人民出版社 2022 年版，第 41 页。

论事件，本应通过正式法律程序处理，却由政府部门少数官员拍板，最终引发社会争议。2023 年 12 月召开的中央经济工作会议强调了“要增强宏观政策取向一致性”。

3. 信息差导致政策效果偏差

政府和民众之间的信息不对称，或信息差问题也是产生政策效果偏差的重要原因之一。信息差主要源自：信息披露不足；市场沟通欠缺；政策反应时滞三方面。

在 2023 年 7 月 24 日召开中共中央政治局会议之后，中国政府陆续出台了一系列刺激政策和改革举措。比如，2023 年 8 月到 2024 年 3 月国家累计 3 次降息，2 次降准，各地住房限购政策陆续放松，8 月国家连续出台了大量减税政策，2023 年全年新增减税降费及退税缓费超过 2.2 万亿元。2023 年以来，制度建设的分量有所提升，尤其是在资本市场、科技创新和高水平对外开放等方面。

由于制度建设的落地需要更多时间，效果难以立竿见影。民众对资本市场关注度较高，因此，资本市场相关的制度改革会迅速影响民众预期。比如，2023 年 8 月下旬到 9 月国家多部门出台了旨在“活跃资本市场、提振投资者信心”的一揽子政策措施，2024 年春节前后中国证监会为提高上市公司质量，加强监管，加大了对证券违规处罚，对市场预期的引导均很快反映在股票市场中。而民众对其他领域制度建设的感知相对不那么敏感，从而更容易产生政策信息差，而这些制度建设无论是从短期提振企业信心，还是从中长期推动中国经济实现高质量发展，无疑都极为关键。比如，2024 年 1 月 22 日，中共中央办公厅、国务院办公厅印发《浦东新区综合改革试点实施方案（2023—2027 年）》，提出在重点领域和关键环节改革上赋予浦东新区更大自主权，支持推进更深层次改革、更高水平开放，率先完善各方面体制机制。这些改革构想如果能得到落实，无疑对中国进一步全面深化改革具有重大意义。

4. 制度体系建设任重道远

2023 年，中国人民大学重阳金融研究院研究团队通过对数十位企业界人士和经济学者的调研发现，经济体制改革和市场化法治化建设迟缓也是影响市场主体信心的重要因素之一，民企利好政策的持续性令人担忧。近些年的体制改革的进展距离党的十八届三中全会通过的《中共中央关于全面深化改革若干重大问题的决定》(以下简称《决定》) 设定的目标仍有差距，具体体现在基本经济制度建设、构建开放型经济新体制等方面。

政府的职能是为企业的风险经营和市场的风险交易及配置提供良好的外部环境，制度和法治体系相对监管政策和调控政策而言，更加具有权威性、根本性和稳定性，更加有利于降低经济主体面临的不确定性。风险可预期是信心的基础和来源。民间资本对未来政策的持续性存疑，对未来监管和政策再度变化的担忧持续存在。

民间固定资产投资是反映民间资本信心的一个重要指标。从图 5-1 可以看出，2015 年以来，民间固定资产投资完成额占全国固定资产投资完成额的比重呈下降趋势，由 2015 年的近 60% 降至 2023 年的 50.4%。民间资本信心不足受多重因素影响，具体包括内外部经济环境，地缘政治，社会整体投资回报下降，法治化、市场化改革力度推进不足等。

从基本经济制度建设看，《决定》提出，“国有资本投资运营要服务于国家战略目标，更多投向关系国家安全、国民经济命脉的重要行业和关键领域”，“国有资本继续控股经营的自然垄断行业，实行以政企分开、政资分开、特许经营、政府监管为主要内容的改革，根据不同行业特点实行网运分开、放开竞争性业务，推进公共资源配置市场化”，“废除对非公有制经济各种形式的不合理规定，消除各种隐性壁垒，制定非公有制企业进入特许经营领域具体办法”。但现实是近年来对于竞争性业务的放开和公共资源配置市场化的推进仍略显不足。

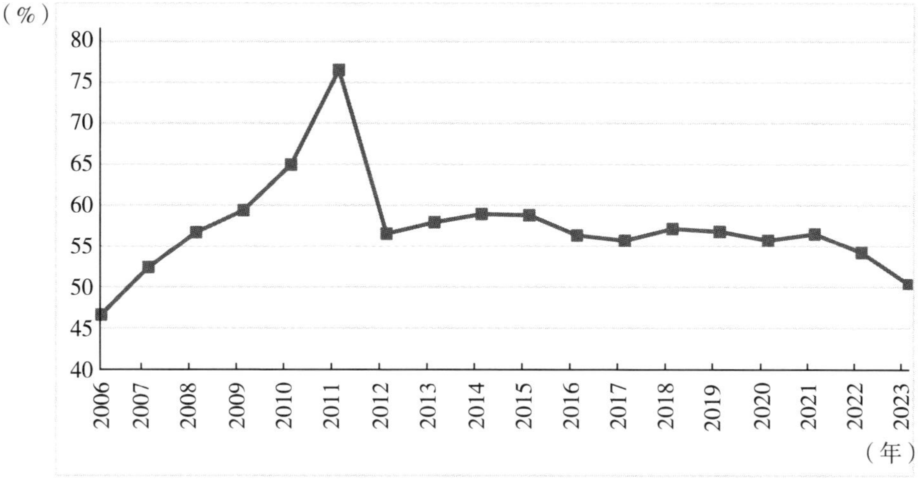

图 5-1　2006—2023 年民间固定资产投资完成额占全国固定资产投资完成额的比重

数据来源：作者根据 Wind 相关数据绘制。

从构建开放型经济新体制方面看，《决定》提出，“推进金融、教育、文化、医疗等服务业领域有序开放”。目前服务业和金融业对外开放度总体偏低。经济合作与发展组织（OECD）的服务贸易限制指数（STRI，Service Trade Restrictiveness Index）[①] 显示，截至 2023 年，与发达国家，甚至一些发展中国家相比，中国服务业和金融业贸易限制仍偏高，即这两个

① 2014 年以来，经合组织 STRI 每年提供有关影响 50 个国家和 22 个关键服务部门贸易的监管变化的信息，这些指标的值介于 0 和 1 之间，其中 1 表示限制性最强的贸易环境。

领域对外开放的总体水平仍偏低，其中金融业的对外限制在外资准入和竞争障碍方面尤为突出，在自然人流动、监管透明度等方面也存在一定程度的限制。

此外，近年来在推进法治中国建设、强化权力运行制约和监督体系等方面，政策措施的落实进度也还有很大的提升空间。

（三）进一步全面深化改革和优化政策的主要方向

“社会预期偏弱”本质上是对经济长期可持续增长的预期偏弱，与政策信息差、内外部不利因素叠加等问题有关，特别是体制性改革问题，这是最为根本性的。虽然当前社会预期依然偏弱，但中国经济增长潜力巨大，相信只要朝着法治化、市场化的方向进一步全面深化改革，推进高水平对外开放，纠正资源配置扭曲，确保政策的有效落实，定能扭转社会对于中长期的经济增长预期。

制度经济学强调制度设计对经济发展和增长的重要性，其中包括私有产权保护制度，法治化、市场化建设等。首先，加强私有产权保护。私有产权保护是促进市场经济发展，推动企业投资和创新的关键。中国需要加强法治建设。法治不仅仅是指完善法律本身，更重要的是法律的透明度、公正性和执行的有效性。中国需要建立有效的法律和司法体系，加强对私有产权的法律保护。其次，进一步推进市场化改革。制度经济学认为，市场机制是促进资源配置和经济增长的有效方式，因此中国应该进一步开放市场，减少政府干预，让市场在资源配置中发挥更大的作用。此外，中国还需要提高公共部门的治理水平和效率，提升政府的透明度，严格落实问责制和监督机制，以防止腐败和权力滥用。

1. 以加快政府职能转变为抓手，更大发挥市场在资源配置中的作用

改革开放以来，在中国经济发展的过程中，地方政府始终扮演着至关重要的角色。这不仅是因为地方政府对辖区内诸如土地、信贷等重要经济资源具有较大的影响力，而且也因为中国官员治理体系独有的晋升机制，促使地方政府围绕上级设定的考核指标竭尽所能展开竞争[①]。因此，要深入推进法治化、市场化建设，让市场在资源的配置中起决定性作用，政府职能转变是重要抓手。

（1）加快政府职能转变

加快转变政府职能，加强服务型政府建设。党的二十届三中全会通过的《中共中央关于进一步全面深化改革 推进中国式现代化的决定》明确指出，要“健全防治形式主义、官僚主义制度机制”“严格控制面向基层的督查、检查、考核总量”[②]。同时，也应加强民主监督作用，提高人民群众在政策制定落实过程中的参与度。

需要重视的是，政府职能转变不仅针对民企和外资，也包括对国有经济主体的治理体系建设。特别是要提升国有企业和金融机构以及地方政府中高层队伍的稳定性，避免行政过度干预而导致过于频繁的高层调整，降低微观经济主体层面因频繁高层变化带来的管理不确定性。

政府职能转变的前提是地方官员的考核激励机制改革，要避免地方政府为满足中央单一经济指标考核而忽略经济增长质量和民众幸福感。党的二十届三中全会通过的《中共中央关于进一步全面深化改革 推进中国式现

① 参见张军等:《GDP 增速的结构性下调：官员考核机制的视角》，载《经济研究》2020 年第 5 期。

② 《中共中央关于进一步全面深化改革 推进中国式现代化的决定》，载中国政府网 2024 年 7 月 21 日，https://www.gov.cn/zhengce/202407/content_6963770.htm。

代化的决定》指出，“以实绩实效和人民群众满意度检验改革”[①]。事实上，在十多年前，中共中央已经开始这方面的努力。早在 2013 年 12 月，中共中央组织部就发布了《关于改进地方党政领导班子和领导干部政绩考核工作的通知》，提出弱化地方经济增速的考核权重，同时加强环境保护、政府债务等方面的考核，但各地执行中具体的指标设置并不透明。因此，在考核体系建设方面，应根据近年来形势变化，进一步优化地方官员的考核体系，如引入“民意”等软性指标，加强公众监督意识，引入助推建设全国统一大市场等方面的新指标。其中特别需要重视“民意”这类自下而上的考核指标，包括人民群众满意度和企业满意度。2008 年起，中共中央组织部委托国家统计局每年在全国 31 个省区市以及中央和国家机关、中央企事业单位开展组织工作群众满意度调查。此外，营商环境评价事实上反映了企业满意度，由独立权威的第三方发布的营商环境指标也可考虑纳入政绩考核体系。如何改进此类调查的流程和机制设计，并对官员的晋升带来一定的实质性约束，需要进一步探索。科学引入有助于建设全国统一大市场的指标，对于经济发展新阶段下在全国范围内优化资源布局，提高经济增长质量也尤为重要。同时，应进一步细化考核指标，提高指标的客观性、透明度，针对不同省份、同一省份的不同地区设置差异化的考核指标体系。在加强社会监督方面，可以加强人大和政协在监督和问责政府官员方面的作用；应适度放松舆论环境，加强媒体和社会公众的监督作用，特别是官方媒体在人才、社会资源和信息掌握上较一般的社会媒体更具优势，应给予官方媒体适当的包容度，更大地发挥其在社会治理中的正向作用。

---

① 《中共中央关于进一步全面深化改革 推进中国式现代化的决定》，载中国政府网 2024 年 7 月 21 日，https://www.gov.cn/zhengce/202407/content_6963770.htm。

需要注意的是，应避免考核指标结构过于复杂化和指标设定的主观性、模糊性，考核指标的改进也并不能取代制度建设。官员业绩评估的复杂性和信息不对称性等特点决定了应充分发挥社会多方力量，以得到尽可能全面的评估信息。此外，考核机制的多元化转变可能引发经济增长结构性下调[①]，为此，需要强调政绩考核体系改革的渐进性，防止考核体系调整速度过快对短期经济增长产生冲击。

近年来，部分省市积极推进地方官员政绩考核体系改革。例如 2021 年下半年，湖北省委编办印发《关于全省机构编制部门服务优化营商环境的若干措施》，明确提出把优化营商环境纳入各级党政领导班子政绩考核，列为年度考核的重要内容，并将考核结果作为加强领导班子和干部队伍建设的重要依据。2015 年 9 月，广州市人民政府办公厅印发了《广州市政府性债务管理办法》，2023 年 6 月，江苏省人民政府印发了《省政府关于加强政务诚信建设的实施意见》，两地均提出要把地方政府债务作为政绩考核的一项重要的硬指标。这些地方政府的探索将拉开新一轮政绩考核体系改革的序幕。

（2）切实全面推进要素市场化配置改革

习近平总书记指出，“市场决定资源配置是市场经济的一般规律，市场经济本质上就是市场决定资源配置的经济”[②]。党的十八届三中全会公报将市场对资源配置的“基础性作用”调整为“决定性作用”。《中共中央关于制定国民经济和社会发展第十四个五年规划和二〇三五年远景目标的建议》

---

① 参见张军等：《GDP 增速的结构性下调：官员考核机制的视角》，载《经济研究》2020 年第 5 期。

② 《习近平关于全面深化改革若干重大问题的决定的说明》，载中国政府网，https://www.gov.cn/ldhd/2013-11/15/content_2528186.htm。

指出，要“更好发挥政府作用，推动有效市场和有为政府更好结合”[①]。党的二十大报告强调，“充分发挥市场在资源配置中的决定性作用，更好发挥政府作用”“构建全国统一大市场，深化要素市场化改革，建设高标准市场体系”[②]。

为此，近年来，中国出台了一系列相关政策落实资源配置的市场化改革。2020年3月，中共中央、国务院出台《关于构建更加完善的要素市场化配置体制机制的意见》[③]，强调“完善要素市场化配置是建设统一开放、竞争有序市场体系的内在要求，是坚持和完善社会主义基本经济制度、加快完善社会主义市场经济体制的重要内容”，提出从七个方面完善要素的市场化配置：一是要推进土地要素市场化配置；二是引导劳动力要素合理畅通有序流动；三是推进资本要素市场化配置；四是加快发展技术要素市场；五是加快培育数据要素市场；六是加快要素价格市场化改革；七是健全要素市场运行机制和组织保障。2022年3月，中共中央、国务院出台的《关于加快建设全国统一大市场的意见》[④]，为从全局和战略高度加快建设全国统一大市场提出了更加具体的意见，包括强化市场基础制度规则统一，推进市场设施高标准联通，打造统一的要素和资源市场，推进商品和服务市场高水平统一和市场监管公平统一，进一步规范不当市场竞争和市场干预

① 《中华人民共和国国民经济和社会发展第十四个五年规划和2035年远景目标纲要》，载中国政府网，https://www.gov.cn/xinwen/2021-03/13/content_5592681.htm。

② 习近平：《高举中国特色社会主义伟大旗帜 为全面建设社会主义现代化国家而团结奋斗——在中国共产党第二十次全国代表大会上的报告》，人民出版社2022年版，第29页。

③ 《中共中央 国务院关于构建更加完善的要素市场化配置体制机制的意见》，载中国政府网，https://www.gov.cn/zhengce/2020-04/09/content_5500622.htm。

④ 《中共中央 国务院关于加快建设全国统一大市场的意见》，载中国政府网，https://www.gov.cn/zhengce/2022-04/10/content_5684385.htm。

行为。2022 年 12 月，中共中央、国务院印发的《扩大内需战略规划纲要（2022—2035 年）》，再次提出要推动形成全国统一大市场，加快健全市场体系基础制度，建设现代流通体系，优化生产要素配置，加快建立公平统一市场。

以户籍制度改革为抓手深化劳动力要素市场化配置。加快户籍制度改革，完善配套改革很关键，包括社会保障改革，以高考为核心推进教育体制改革等全方位的配套改革。配套改革进一步完善，方能从根本上降低劳动在不同地域间自由流动的壁垒，引导劳动力要素合理畅通有序流动。特别是注重逐步降低少数超大城市在要素、教育等资源配置中所享受的特权，将有助于缓解这些地区企业布局和人才资源过于集中、产业结构不合理等诸多问题，亦能在全国的要素市场化改革中起到引领和带动作用。

以深化地方政绩考核体制改革和金融体系改革为抓手加快推进资本要素市场化配置。地方保护主义是阻碍资本自由流动的一大障碍。“地方政府遏制外来资本的行为趋于隐蔽。通过设定特殊标准获取市场支配地位成为地方保护的新形态”[①]。要消除地方保护主义，地方政绩考核体制改革是重要抓手，法治化建设和完善信息公开制度是保障。深化金融体系改革重点包括推进金融机构牌照管制和市场准入的规则化、常态化，利率市场化改革和资本市场改革。在加强金融监管的基础上，要推进金融机构牌照管制和市场准入的规则化、常态化，对民间资本和外资一视同仁，建设多层次、包容性的金融体系，扩大对中小企业和居民金融服务的有效供给，提升金融服务的可得性。要推进利率市场化改革，提升价格在金融体系中的资源

① 王译：《全国统一大市场视域下要素市场化改革的现实问题与应对策略》，载《新疆社会科学》2022 年第 6 期。

配置作用。要深化资本市场改革，提升直接融资比重和金融资源配置效率。

以农村集体建设用地入市为抓手推进土地要素市场化配置，加快完善统一公平的城乡土地产权制度。中国土地要素配置中存在的问题与乱象，部分是政府失灵所致，而非市场失灵所致[①]。土地要素的有效配置依赖完善的土地市场制度与交易规则，应推进城乡土地同权化改革，扩大农村集体建设用地入市规模，逐步形成全国统一的土地要素市场，让市场在土地要素配置中发挥决定性作用。

（3）深入推进法治化建设

现有理论和实证研究普遍强调了法治与长期经济发展的紧密联系。其核心逻辑是，在法治基础之上的私有产权保护和契约精神分别支撑了投资和贸易发展，进而推动经济增长和发展，正式制度和非正式制度安排均在其中发挥着重要作用，特别是在发展中国家[②]。

虽然中国的法治建设仍有诸多需要完善之处，但取得的巨大进步同样为世界所公认。改革开放以来，中国的法治建设与经济发展一样取得了非凡的进步。世界银行每年发布的全球治理指标（World Governance Indicators，WGI）被认为是治理定量研究中严谨度较高、影响力较大的综合指标体系之一。该指标包括 6 个维度，其中之一为法治。自 20 世纪 90 年代中期以来，中国这一口径下的法治水平整体改善的大趋势始终没有改变，虽然在部分年份有一些波动（如图 5-2）。毋庸置疑，中国改革开放以来能够维持四十多年的经济高速增长，离不开法治建设的持续完善。但也

① 参见姚树荣、陈锴民、崔耀文：《土地要素市场化配置与畅通国民经济循环》，载《政治经济学评论》2022 年第 6 期。

② See Haggard S., MacIntyre A.& Tiede L. , *The Rule of Law and Economic Development*, 11 Annual Review of Political Science 205 (2008).

应该看到，中国的法治建设仍有较大提升空间。从全球横向比较看，目前该口径下中国的法治水平仍不高，2022 年在 213 个国家中排名第 101 位，与中国的经济地位不匹配。

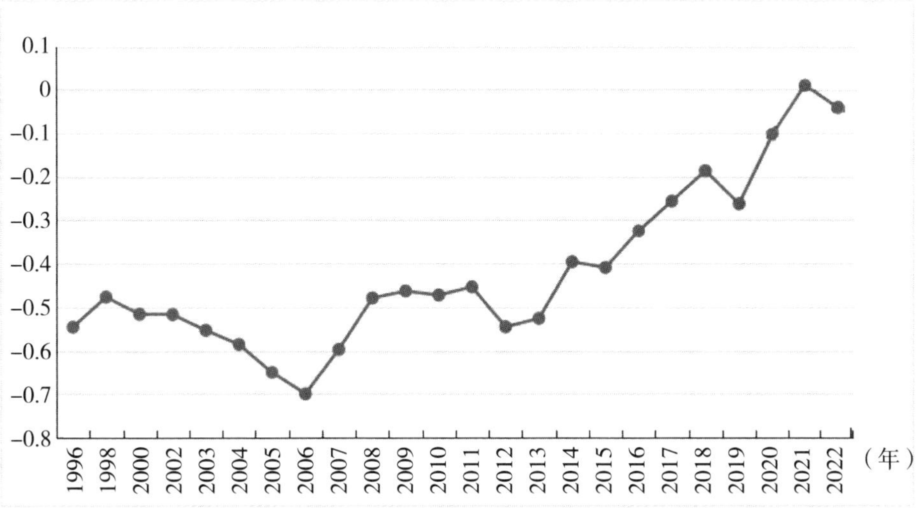

图 5-2 世界银行全球治理指标中的中国法治水平走势

数据来源：作者根据历年世界银行全球治理指标数值绘制。

2013 年，习近平总书记在十八届中央政治局第四次集体学习时指出，“全面推进依法治国，必须坚持严格执法。法律的生命力在于实施。如果有了法律而不实施，或者实施不力，搞得有法不依、执法不严、违法不究，那制定再多法律也无济于事”[①]。2014 年，习近平总书记在省部级主要领导干部学习贯彻十八届三中全会精神全面深化改革专题研讨班上指出，“‘立善法于天下，则天下治；立善法于一国，则一国治。’推进国家治理体系和治理能力现代化，当然要高度重视法治问题，采取有力措施全面推进依

① 中共中央文献研究室编：《习近平关于全面依法治国论述摘编》，中央文献出版社 2015 年版，第 57 页。

法治国，建设社会主义法治国家，建设法治中国”[1]。2021年初，中共中央印发了《法治中国建设规划（2020—2025年）》，对法治建设提出了远景目标，提出“到2035年，法治国家、法治政府、法治社会基本建成，中国特色社会主义法治体系基本形成，人民平等参与、平等发展权利得到充分保障，国家治理体系和治理能力现代化基本实现”。法治政府建设是全面依法治国的重点任务和主体工程，是推进国家治理体系和治理能力现代化的重要支撑。2021年8月，中共中央、国务院印发的《法治政府建设实施纲要（2021—2025年）》（以下简称《实施纲要》）确立了五年法治政府建设的总体目标，明确到2025年，政府行为要全面纳入法治轨道[2]。党的二十大报告强调“营造市场化、法治化、国际化一流营商环境”“扎实推进依法行政”[3]，对转变政府职能、深化行政执法体制改革、强化行政执法监督机制和能力建设等作出重点部署，提出明确要求。完善的法治是最好的营商环境，不仅事关民营资本和外资对中国经济的中长期信心，也是下一步深入推进服务业和金融业高水平对外开放的必要前提。

党的二十届三中全会通过的《中共中央关于进一步全面深化改革 推进中国式现代化的决定》强调，“法治是中国式现代化的重要保障”“全面推进国家各方面工作法治化”，包括“深化立法领域改革”“深入推进依法行

① 中共中央文献研究室编：《习近平关于全面依法治国论述摘编》，中央文献出版社2015年版，第3页。

② 《法治政府建设实施纲要（2021—2025年）》，载中国政府网2021年8月11日，https://www.gov.cn/gongbao/content/2021/content_5633446.htm。

③ 习近平：《高举中国特色社会主义伟大旗帜 为全面建设社会主义现代化国家而团结奋斗——在中国共产党第二十次全国代表大会上的报告》，人民出版社2022年版，第33页、第41页。

政”“健全公正执法司法体制机制”[①]等方面。

对标《实施纲要》各项目标任务，过去几年统筹推进法治政府建设取得显著成效，但当前距离 2025 年“政府行为要全面纳入法治轨道”的目标仍有距离。未来应在建设市场化法治化国际化一流营商环境、推进重大行政决策科学化规范化、加强行政执法协调监督机制、促进行政争议实质性化解等方面取得新突破，以更大力度、更实举措统筹推进法治政府建设。

短期内，应公平处理民企欠款，纠正影响较大的民企冤错案件。应鼓励民营企业通过仲裁、诉讼等法律方式向政府、国企追讨欠款，对这些案件的进展情况应向社会及时公开、充分披露。应盘点、落实与兑现近年来地方政府、国有企业对民营企业已有承诺与合同款项。应严格要求各级政府实现国企与民企在市场地位上的平等。2023 年 7 月 19 日《中共中央 国务院关于促进民营经济发展壮大的意见》（以下简称《意见》）发布，其中提到了要健全冤错案件有效防范和常态化纠正机制[②]。鉴于常态化纠正机制的建立尚需时日，作为对《意见》的具体落实，短期内应纠正影响较大的民企冤错案件，提振民企信心。

（4）完善信息公开和市场沟通机制，弥合信息缺口

政府信息公开是指国家行政机关和法律、法规以及规章授权和委托的组织，在行使国家行政管理职权的过程中，通过法定形式和程序，主动将政府信息向社会公众或依申请而向特定的个人或组织公开的制度[③]。政府

---

① 《中共中央关于进一步全面深化改革 推进中国式现代化的决定》，载中国政府网 2024 年 7 月 21 日，https://www.gov.cn/zhengce/202407/content_6963770.htm。

② 参见《中共中央 国务院关于促进民营经济发展壮大的意见》，载中国政府网 2023 年 7 月 14 日，https://www.gov.cn/gongbao/2023/issue_10626/202308/content_6897070.html。

③ 参见颜海：《政府信息公开理论与实践》，武汉大学出版社 2008 年版，第 20 页。

职能转变意味着经济运行中对市场参与主体的监督和管理职能更多地交由市场和法律，这客观上对政府的信息公开提出了更高要求。政府管理透明是市场化、法治化，强化权力制约和监督的必要前提。“阳光是最好的防腐剂。”

习近平总书记指出，“必须坚持实事求是，是成绩就是成绩，是问题就是问题，承认问题并分析清楚、提出解决思路是市场利好，遮遮掩掩反而欲盖弥彰”[①]。基于信息公开形成明确预期也是经济和金融市场主体参与经济活动和投资行为的重要决策依据。政府信息公开会激励企业，特别是中小型企业花费更多时间开展生产性活动，政府信息公开水平越高，企业面临的政策信息不对称程度越低[②]。在充分信息公开的基础上，政府还需要在重大宏观政策方向、重大危机和公共事件应对上及时加强市场沟通，弥合信息缺口，帮助市场加深对已有政策的理解。

党的二十届三中全会通过的《中共中央关于进一步全面深化改革 推进中国式现代化的决定》对政府信息公开制度也提出了更高要求，如“稳步扩大制度型开放”就必须“打造透明稳定可预期的制度环境”；在“健全基层民主制度”中，要“完善办事公开制度”；要“健全公正执法司法体制机制”就必须“深化和规范司法公开”[③]。

政府应对重大公共卫生事件信息公开制度仍有改进空间。新冠疫情防控中中国的信息公开和沟通机制已有显著进步，但相关机制仍存在一些问

① 习近平：《论坚持党对一切工作的领导》，中央文献出版社 2019 年版，第 87 页。

② 参见于文超、刘丽、陈刚：《政府信息公开对企业家活动配置的影响研究》，载《经济评论》2023 年第 6 期。

③《中共中央关于进一步全面深化改革 推进中国式现代化的决定》，载中国政府网 2024 年 7 月 21 日，https://www.gov.cn/zhengce/202407/content_6963770.htm。

题和不足，主要表现在以下四个方面：一是政府信息公开和信息沟通的法律规章制度尚不健全；二是突发公共卫生事件中的信息输入系统单一化，致使信息收集低效；三是突发公共卫生事件中的早期警示信息发布缺失，使得预警有效性减弱；四是突发公共卫生事件中的信息发布主体不明确，致使公开推诿延迟[①]。

充分的信息公开还有助于加强市场对政府行为的约束，减少政府低效投资，降低金融风险。比如，在专项债管理方面，近年来专项债在地方政府债中的发行比例显著上升，财政部强调要将专项债券融资收益平衡作为审核重点，但一些地方政府往往在项目申报时虚高预测收益。审计部门公布的2022年度地方预算执行和其他财政收支的审计报告披露了专项债资金管理方面的一些问题，其中之一就是相当比例的专项债项目实际收益不及预期，可能导致偿付风险。一旦专项债风险隐患事实化，就会经由财政体系内部“自下而上”传导，地方财政一般公共预算的偿债负担将会加大。为此，应提高专项债发行过程中信息披露的透明度，加大市场监督，提升专项债投资项目的质量。此外，要加大追责力度，对于因人为对项目质量注水、违规举债，而非市场环境变化或其他不可抗力因素而导致收益严重低于预期、无法还本付息的专项债项目应严加问责。有研究表明，信息透明度对地方政府专项债规模有显著的抑制作用，这是因为信息不对称问题的缓解使得投资者等主体能更有效地监督和约束地方政府的举债融资行为，从而促进地方政府专项债市场融资约束机制的形成[②]。

---

① 参见杨雯、崔冬：《突发公共卫生事件中的政府信息公开问题及其破解》，载《中国应急管理科学》2020年第12期。

② 参见蓟红丹：《信息透明度对地方政府专项债规模的影响及作用机理——基于2015—2019年我国30个省份面板数据的分析》，载《财会研究》2023年第12期。

2. 加强基础研究，布局重大战略性科技项目

习近平总书记指出，“基础研究是整个科学体系的源头”[①]，有可能创造全新的研究领域，为人类的生产生活带来本质性变革，因此基础研究水平代表了新质生产力的潜力，也是突破“卡脖子”问题的关键。基础研究是推进教育、科技、人才一体化战略布局的重要抓手和着力点，世界重要的教育、科技和人才中心（简称“世界三大中心”）的形成都源于基础研究的重大突破及其应用发展[②]。

中国基础研究投入力度仍有提升空间。2023 年，中国研究与试验发展（R&D）经费支出 3.3 万亿元，比上年增长 8.1%，实现了十年翻三番的快速增长，研发投入强度提高至 2.64%，同比上升 0.09 个百分点，已处于发展中国家前列，达到工业化国家的平均水平，未来应将研发投入强度提高至 3% 左右。2023 年，基础研究经费占研发经费支出的比重为 6.65%，同比提升 0.33 个百分点（如图 5-3）。未来要推动基础研究经费占研发经费支出的比重提高到 10% 以上，整体接近欧美科技强国基础研究经费占比。目前欧美日韩主要发达国家基础研究的投入占比稳定在 11% 以上，其中美国、韩国在 15% 左右，法国则始终高于 20%（如图 5-4）。

重视基础研究的体系化建设，推进基础研究配套体制机制改革。一要加强基础研究重大项目前期的可行性论证和评估，准确把握方向。二要深化基础研究体制机制改革，在高等教育阶段的经费分配上更加向基础研究学科倾斜，拉长基础研究评价周期。三要构建从高效科研机构、政

① 习近平：《在中国科学院第十九次院士大会、中国工程院第十四次院士大会上的讲话（2018 年 5 月 28 日）》，人民出版社 2018 年版，第 12 页。

② 参见侯剑华、郑碧丽、李文婧：《基础研究支撑教育、科技、人才“三位一体”发展战略探讨》，载《中国科学基金》2024 年第 2 期。

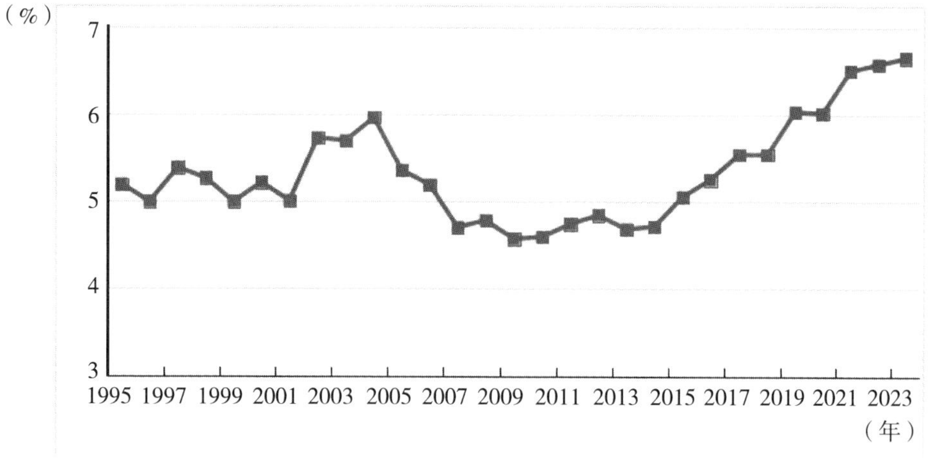

图 5-3 中国基础研究经费占研发经费支出比重的变化趋势

数据来源：作者根据 Wind 绘制。

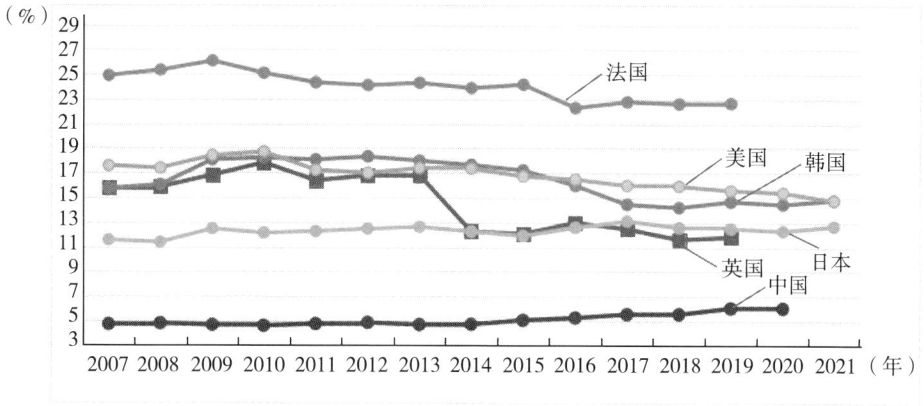

图 5-4 基础研究经费占研发经费比重的国际比较

数据来源：作者根据 Wind 绘制。

注：1. 英国、法国数据截至 2019 年。

2. 中国数据截至 2020 年。

府部门（如科技部），到实体企业的多元创新主体协同参与的科技组织模式，贯通基础研究与应用。美国 2021 年 1 月发布的《未来产业研究院：美国科技领导力的新范式》设计了多元创新主体协同参与的组织模式。美国国家科学基金会（NSF）人工智能研究院采用跨政府部门、多元主体参与的组织模式[①]。2023 年 1 月，美国国家人工智能研究资源（NAIRR）工作组提交的《加强和民主化美国人工智能创新生态系统：NAIRR 计划》[②]也提出遵循多元主体合作管理模式。四是增加基础研究的多元化资金来源，可考虑发行期限在 30 年以上的一般性超长期国债用于基础研究，纳入财政预算。除了加大政府财政投入，还要运用税收等政策杠杆引导社会资本积极投入基础研究。五是打造对国际领军科技人才具有吸引力的开放包容的制度环境和科研环境，完善科技领域国际合作的体制机制。

以产业创新带动科技自主创新体系建设。充分发挥中国制造业强国与超大规模市场优势，走产业创新的“曲线救国”道路。

从中长期来看，应继续加大高技术产业投资，推动数字经济占 GDP 比重尽快超过 50%，甚至达到 60%。以高端制造为需求牵引，将庞大的制造业的真实场景作为科技创新的“炼金石”。

目前来看，可利用超长期特别国债前瞻性布局有潜在收益的重大战略性项目。根据 2024 年政府工作报告，从 2024 年开始拟连续几年发行超长期特别国债（以下简称特别国债），专项用于国家重大战略实施和重点领域安全能力建设，2024 年先发行 1 万亿元。国家发展改革委主任郑栅洁称，超长期特别国债将重点支持科技创新、城乡融合发展、区域协调发展、粮食能源安全、人口高质量发展等领域。由于特别国债不计入赤字，纳入政府性基金预算，而政府性基金预算的编制原则是“以收定支”，因此所投资

---

① See National Science Foundation, *National Artificial Intelligence Research Institutes*, https:// new. nsf. gov/funding/opportunities/national-artificial-intelligence-research.

② See National Artificial Intelligence Research Resource Task Force, S*trengthening and Democratizing the U.S. Artificial Intelligence Innovation Ecosystem: An Implementation Plan for a National Artificial Intelligence Research Resource,* (January2023).

项目在收益性上的要求高于一般国债，又低于社会资本投资回报。特别国债所投项目在风险收益评估上需要审慎权衡，既要保证一定的收益性，又要防止涉足市场化领域，对民间资本形成挤出效应。从大的方向看，重点应放在具有长期战略价值，收益性又略低于市场化投资回报的领域。为此，初步可考虑以下细分领域作为发力重点：

一是在科技创新方面，可主要围绕“新基建”选择风险收益与特别国债资金匹配的领域。2022 年年初，国务院发布的《“十四五”数字经济发展规划》，要求加快建设信息网络基础设施[①]。人工智能快速发展对算力与存储空间的需求达到了空前的水平，算力基础设施是新型信息基础设施的重要组成部分。因此，以算力为核心的数字基础设施，如东数西算，以及新一代信息技术与制造业深度融合的产物，如工业互联网，均可作为特别国债的发力重点。

二是在城乡融合发展、区域协调发展方面，重点支持包括区域基本公共服务均等化、重点产业承接区域的基础设施建设等领域。区域协调发展战略的主要目标正在从“经济增长”转向“公共服务”，尤其是“基本公共服务”。特别国债可重点投入薄弱地区的公共医疗卫生基础设施建设和重点产业承接区域的产业园区基础设施建设。

三是在人口高质量发展方面，主要聚焦学前教育，托育、养老服务等领域。根据不同层次的学前教育，托育、养老服务，可设计不同的融资模式。例如，对于社会资本不愿投入，但仍有一定收益的普惠性项目，可由特别国债资金扶持；对于盈利性高的服务项目，为提升社会资本投资的积

① 参见《国务院印发〈“十四五”数字经济发展规划〉》，载中国政府网，https://www.gov.cn/xinwen/2022-01/12/content_5667840.htm。

极性，加快服务项目建设进度，也可以考虑设计优先劣后机制，特别国债可作为低成本的优先级资金介入。

3. 为深入融入全球化，重点推动服务业开放

根据经济合作与发展组织（OECD）更新的2023年服务贸易限制指数（STRI）报告，2023年中国成为服务贸易限制指数下降幅度最大，或者说服务业对外开放进步最大的三个国家之一（另外两个国家为韩国、葡萄牙）。这主要得益于在2023年中国恢复了商务签证申请，并在建筑业进行了一些改革，包括2023年4月取消了对外国建筑公司分支机构的某些限制，也取消了外国建筑工程师每年在中国居住超过三个月的规定。但如前文所述，与发达国家，甚至一些发展中国家相比，中国服务业对外开放的总体水平不高，其中金融业的对外限制在外资准入和竞争障碍方面尤为突出，在自然人流动、监管透明度等方面也存在一定程度的限制。为此，推动服务业扩大开放是推进高水平对外开放的重中之重。

推进服务业高水平对外开放是经济高质量发展的必然选择。目前，中国服务业高水平对外开放仍面临诸多现实困境，如存在制度性障碍、国际竞争力弱等问题。一方面，部分服务行业在跨境数据流动、跨境资本活动、外资股权比例等方面仍有较为严格的限制，特别是外资市场准入限制仍是制约服务业高水平对外开放的首要因素。另一方面，有些服务行业对外资企业有“隐性壁垒”，或在实际运营中存在监管歧视。为此，应将“制度型开放”作为服务业高水平对外开放的核心。

要对接国际高标准、规则，促进人才、资本、数据等要素的跨境自由流动，营造国际化、法治化、市场化的一流营商环境。对外要积极对接CPTPP、DEPA等国际高标准经贸规则以及中欧投资协定等国际高标准投资

规则，探索在跨境服务贸易、跨境投资、跨境数据流动等方面的规则、标准制定权，提升国际规则制定的话语权。对内推进国内的劳工标准、知识产权保护、国有企业、市场准入等一系列制度改革；继续合理缩减某些领域的外资准入负面清单，清除对外资的诸多隐形限制。要提高监管能力，避免因泛化国家安全问题而对外资监管过度。其中在促进数据要素流动方面，有序推动数据要素开放，在自贸区探索数据跨境流动业务改革，提升数据跨境服务能力。在促进人才流动方面，提高外籍人员来华学习、交流、工作的便利化水平，打造国际化的人才生存环境，对国内人员出境开展交流访问给予更多的支持，与更多的国家达成免签协定。例如，2024 年 3 月，国务院办公厅发布《关于进一步优化支付服务提升支付便利性的意见》，提出要着力完善多层次、多元化的支付服务体系，为外籍来华人员等群体提供更加优质、高效、便捷的支付服务。据统计，2023 年有将近 400 万入境人士使用了移动支付，实际交易笔数超 7000 万笔。目前，上海、浙江的重点商户外卡受理覆盖率已超过 90%。截至 2023 年末，国内金融机构累计为外籍来华人员开立银行账户约 2200 万户，较 2022 年末增加了 314 万户。

4. 改革收入分配制度，实施国民收入倍增计划

（1）实施中国的“国民收入倍增计划”

20 世纪 50 年代末，日本经济在经历了“二战”后的快速恢复阶段后，开始出现经济增长乏力、贫富差距拉大、生育率跌破 2.1 的世代更替水平等问题。1960 年，日本时任首相池田勇人提出“收入倍增计划”（以下简称“计划”）。根据“计划”，自 1961 年起，未来十年的日本 GDP 年均增长达到 7.2%，实现十年翻一番的目标。“计划”重申了政府对社会福利、职业培训和教育的责任，同时也重新定义了增长。“计划”自上而下设定了非常

详细的任务，采取了世界其他地方也广泛实行的产业促进措施：税收优惠，补贴，低息政策贷款，研发援助，中小企业促进，准入限制，产出、投资和出口协调，基础设施建设等。但“计划”总体上只是制定了广泛的指导方针和指导原则，其他都交给市场。“计划”实施后，日本仅用六年时间就完成了计划设定目标，迅速崛起为世界第二大经济体。居民收入的爆炸式增长也为日本带来了一个繁荣时代。

中国经济今天面临的困难与日本 20 世纪 50 年代末有一定的相似之处。2020 年 10 月，党的十九届五中全会通过了《中共中央关于制定国民经济和社会发展第十四个五年规划和二〇三五年远景目标的建议》，设定了 9 个方面的远景目标。其中之一是到 2035 年，“人均国内生产总值达到中等发达国家水平，中等收入群体显著扩大，基本公共服务实现均等化，城乡区域发展差距和居民生活水平差距显著缩小”①。2023 年中国的人均 GDP 为 1.27 万美元，目前中等发达国家人均 GDP 是 3 万—4 万美元，相当于中国目前水平的 2.4—3.1 倍。即使按照 3 万美元的标准，按静态测算，中国人均 GDP 在 2035 年要实现中等发达国家水平的远景目标，其年均复合增速要达到 7.4%，任务相当艰巨。从国民收入看，2023 年人均国民总收入（GNI）1.26 万美元，如果要实现到 2035 年翻一倍的目标，其年复合增速要达到 5.9%。为实现这一目标，应进一步全面深化改革，制定中国版的系统性的“国民收入倍增计划”。

（2）完善收入分配制度改革

2023 年，中国继续推进收入分配制度改革（见表 5-1），取得了显著成

① 《中华人民共和国国民经济和社会发展第十四个五年规划和 2035 年远景目标纲要》，载中国政府网，https://www.gov.cn/xinwen/2021-03/13/content_5592681.htm。

效。特别是着力提高低收入群体收入，不断优化企业工资宏观指导调控制度，有序开展根治农民工欠薪等专项行动，使劳动关系总体保持和谐稳定。再分配方面，继续完善国有企业内部薪酬分配和税收制度。2023 年 5 月，人力资源社会保障部办公厅出台了《国有企业内部薪酬分配指引》，旨在为履行出资人职责机构或其他企业主管部门指导国有企业建立完善内部薪酬分配机制提供可借鉴参考的原则、规范、流程和方法。2023 年 8 月，国务院出台《关于提高个人所得税有关专项附加扣除标准的通知》。为稳妥推进社会保障制度改革，《社会保险经办条例》自 2023 年 12 月 1 日起实施。

站在新的起点上，应继续深入完善收入分配和税收制度。社会保障方面，进一步扩大社会保障体系覆盖面，逐步缩小机关事业单位与企业退休金差距。财税政策方面，适时提高公共财政支出预算中民生支出占比下限，逐年降低“三公”经费预算控制线。2018 年以来，中国已连续五年实施大规模减税降费。2023 年全年新增减税降费及退税缓费超过 2.2 万亿元。客观上说，在目前基础上再实施大规模减税的空间并不大。因此，更应找准着力点，精细规划税收政策的侧重方向，最大限度发挥税收政策对投资和消费的杠杆效应。

在鼓励生育、帮扶低收入群体等方面进一步制定精细化的、更为精准、有针对性的税收优惠和补贴政策，优化税收征收结构，减轻中产阶层税收负担，充分发挥税收政策的杠杆作用。比如 2023 年 8 月国家提高个人所得税有关专项附加扣除标准，3 岁以下婴幼儿照护、子女教育专项附加扣除标准由每个婴幼儿（子女）每月 1000 元提高到 2000 元；赡养老人专项附加扣除标准，由每月 2000 元提高到 3000 元。该标准针对每孩的优惠力度相同，为体现鼓励生育意图，未来或可考虑对多孩家庭适度实施力度更大的差别化税收优惠政策。

对促进消费来说，稳定和提升居民收入预期是当前最为紧迫的问题，而消费需求的提升不仅依靠低收入群体，也依赖中等收入群体收入预期的稳定。从消费结构看，中等收入群体相对低收入群体的非必需品消费占比更高，预期不稳对其边际消费倾向影响更大。

表 5-1　2023 年收入分配相关政策措施（部分）

发布日期	部门	政策举措	主要内容	较现有政策的变化
2023.3	国务院等	优化完善部分阶段性税费优惠政策	减征残疾人就业保障金政策，延续实施至 2027 年底；减征小微企业和个体工商户年应纳税所得额不超过 100 万元部分所得税政策、降低失业和工伤保险费率政策，延续实施至 2024 年底	一揽子减税政策预计每年减负规模达 4800 多亿元
2023.5	人力资源社会保障部办公厅	出台《国有企业内部薪酬分配指引》	为履行出资人职责机构或其他企业主管部门指导国有企业建立完善内部薪酬分配机制提供可借鉴参考的原则、规范、流程和方法	建立既有激励又有约束、既讲效率又讲公平的分配机制，实行业绩与薪酬市场双对标，进一步破除平均主义。同时统筹处理好企业内部分配关系，调节不合理的过高收入，稳步提高基层职工薪酬水平
2023.8	国务院	提高个人所得税有关专项附加扣除标准	3 岁以下婴幼儿照护、子女教育专项附加扣除标准，由每个婴幼儿（子女）每月 1000 元提高到 2000 元；赡养老人专项附加扣除标准，由每月 2000 元提高到 3000 元	进一步减轻生育、养育和赡养负担

资料来源：作者根据官方网站信息整理。

5. 适当增加风险偏好，先立后破提升发展信心

2023 年下半年以来，一些关系到国家经济命脉的重大风险逐渐出现“出清”迹象，房地产、地方债、中小金融机构等领域风险不断暴露、被化解，经济社会发展总体酝酿更多机会。

例如，地方债方面，在财政部、人民银行等部门推动下，20 多个省份相继发行了约 1.4 万亿元特殊再融资债券，金融机构与融资平台平等协商，通过展期、借新还旧、置换等方式，分类施策化解存量债务风险。2024 年 2 月 23 日召开的国务院常务会议充分肯定了一揽子化债方案取得的较好效果。在房地产领域，“因项目施策”的城市融资协调机制加速推进。截至 2024 年 2 月 20 日，全国有 29 个省份 214 个城市已建立房地产融资协调机制，分批提出可以给予融资支持的房地产项目“白名单”并推送给商业银行，共涉及 5349 个项目；有 57 个城市 162 个项目已获得银行融资共 294.3 亿元，较春节假期前增加 113 亿元。高风险中小金融机构化险方面，2023 年，中小金融机构改革化险稳步推进，全年共有 83 家中小金融机构被合并，26 家农村中小金融机构因被吸收合并而获批解散。高风险中小银行业金融机构总体风险趋于收敛，人民银行公布的《中国金融稳定报告（2023）》显示，截至 2023 年 2 季度末，高风险银行业金融机构数量为 337 家，较 2022 年末减少 9 家，资产规模 6.63 万亿元（占比 1.72%），较 2019 年峰值时期压降近一半（如图 5-5）。

在党的二十届三中全会提出的“加强顶层设计、总体谋划，破立并举、先立后破”的原则指引下，在确保国家金融安全和社会稳定的基础上，国家应适时转变防风险观念，大刀阔斧推动制度性改革，激活金融市场，“弘扬企业家精神”，“构建支持全面创新体制机制”，从而增强全社会风险承受

能力和创业精神、创新精神，提升发展信心。

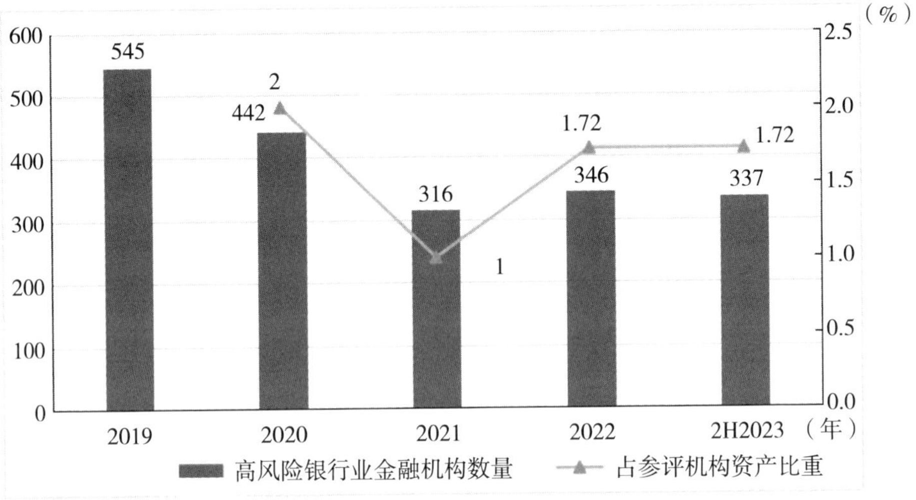

图 5-5 中国高风险银行业金融机构数量和资产占比

数据来源：作者根据中国人民银行发布的《中国金融稳定报告（2023）》绘制。

6. 围绕金融强国目标，建设包容性、现代化的金融体系

作为间接融资主导的金融体系，在实现经济高质量发展和建设金融强国的进程中，一方面要提升以商业银行为核心的间接融资体系的服务效率，防范系统性金融风险。另一方面，资本市场改革是极为关键的一环。只有对资本市场进行全面深入的改革，建设强大的多层次的资本市场，才能加快科技创新步伐，提升金融资源配置效率。

（1）建设包容性、现代化的金融体系

一是应分清商业性和普惠性、政策性金融业务的界限。一方面弱化对商业性融资业务在数量和价格上的行政管制，营造公平的融资环境，另一方面要构建更高水平的普惠金融体系，扩大对小微企业和中低收入群体的有效金融供给，避免核心企业的融资套利行为，避免融资对企业仅起到“锦上添花”，甚至“晴天送伞”的作用，而没有起到“雪中送炭”的作用。

对于具有商业盈利空间的普惠金融业务，可设立更多市场化的小型金融机构，推进金融科技的应用，综合利用担保、税收、差异化监管等举措；而对于帮扶性、缺乏盈利空间的普惠金融业务，可交由政策性金融机构覆盖。通过完善多层次的现代金融服务体系来扩大金融服务的有效覆盖面，为各类群体提供适当、有效、可持续的金融服务。

二是要加强监管和放松管制两手抓，扩大直接融资服务的有效供给。对于牌照管制过严，供给不足的行业，如证券、保险行业，要逐步放松牌照管制。与成熟市场相比，中国金融机构的整体数量仍显不足，而且结构有待进一步优化，高度集中于银行体系，导致金融机构发挥“大动脉”的功能有余，而发挥“毛细血管”的功能不足，尤其是针对直接融资的金融服务供给尤为不足，无法充分发挥深入实体经济血液的作用。比如，目前美国有 5000 多家商业银行，4800 多家证券公司，约 6000 家保险公司，而中国仅有约 4600 家商业银行，140 家证券公司，230 多家保险公司。即使考虑到中国以间接融资为主导的融资模式，目前非银行金融机构的数量明显不足。金融行业的很多问题实际上都和金融服务供给不足有一定关联，比如证券行业此前的过高薪酬和高学历内卷与供给不足带来的过高特许权价值有关，上市公司质量不高、对于优质初创企业的发现能力不足均与证券公司数量较少有一定关联。因此，在加强监管的基础上，应适度放松对金融行业的准入管制，特别是对非银行金融机构的牌照管制，以提高金融服务的有效供给。

（2）完善注册制改革和投资者保护制度

要继续通过制度建设完善注册制改革，包括首次公开募股（IPO）审核从严，完善退市机制等方面的制度性建设，将从源头提高上市公司质量，激发市场活力。同时，进一步加强资本市场后端监管。实证研究表明，监管机构对上市公司的处罚力度加大，尤其是针对信息披露类的违规行为，有助于降低 IPO 违规数量[①]。为此，要建立健全上市企业监管机制，加大对市场操纵、财务造假、恶意做空等违法行为的处罚力度。要不断完善交易系统、清算系统、信息披露系统的基础设施建设，提高资本市场的稳定性、安全性和整体运行效率。

中小投资者在中国的投资者结构中占据绝对主导地位。中国证券投资者保护基金有限责任公司发布的《2022 年中国资本市场投资者保护状况蓝皮书》显示，截至 2021 年底，股票市场仍以自然人投资者为主。股票市场投资者数量共计 19740.85 万，其中自然人投资者数量达 19693.91 万，占比 99.76%。与机构投资者相比，中小投资者面临的信息不对称问题更为突出，自我维权的能力和渠道也更为不足，因此完善投资者保护制度，加强对投资者，特别是中小投资者的保护是重中之重。注册制下由中介机构切实履行“看门人”的责任，对投资者保护制度的建设又提出了更高要求。

2013 年 12 月发布的《国务院办公厅关于进一步加强资本市场中小投资者合法权益保护工作的意见》，成为中国资本市场保护中小投资者的纲领性文件。2019 年新修订的《证券法》（以下简称新《证券法》）颁布施行的核心目的就是保护投资者权益，将投资者保护提高到新的高度。2021 年 3 月起《刑法修正案（十一）》正式施行，修正案大幅提高了对欺诈发行、信息披露造假、中介机构提供虚假证明文件和操纵市场等四类证券犯罪的刑事惩戒力度，并强化控股股东、实际控制人等“关键少数”的刑事责任追究，

---

① 参见杜兴强等：《股票发行注册制改革与市场监管效率》，载《财会月刊》2023 年第 23 期。

压实保荐人等中介机构的“看门人”职责。此外，加强投资者权益保护工作的重点是要加强信息披露、投资引导、集体诉讼等制度，降低投资者的信息不对称，加大对损害投资者利益的违法行为的处罚力度。

《刑法修正案（十一）》与新《证券法》实施以后，中国证监会对发行人、上市公司等主体在信息披露、造假等违法行为上的处罚力度有所加大。信息披露是投资人投资决策的重要依据，是加强投资者权益保护的基础，而信息披露的公平性是解决中小投资者信息不对称问题的关键之一。新《证券法》新增上市公司信息披露章节，改进了证券市场信息披露制度，加重了上市公司信息披露的法律责任。但总体来说，覆盖范围和惩罚力度依然不够，对违法行为的预期收益依然显著高于成本。比如，新《证券法》规定，上市公司披露的信息若有虚假记载、误导性陈述或重大遗漏，最高罚款金额从原来的 60 万元提高至 1000 万元，相对造假的潜在收益依然较小。未来应进一步提高对上市公司信息披露的要求，加大对内幕信息交易违法行为的惩处力度。此外，对于具体的处罚力度给出的区间非常宽泛，执法者在执行过程中的自由裁量权较大。比如，对于财务造假，《刑法修正案（十一）》将相关责任人员的刑期上限由 3 年提高至 10 年，罚金数额由 2 万—20 万元修改为“并处罚金”，取消 20 万元的上限限制，这给了执法者巨大的自由裁量空间。中国证监会主席吴清上任后，大幅收紧了 IPO 的审核标准，加大了对财务造假等行为的处罚力度，有力提升了投资者信心。未来，应通过制度设计的完善，增强监管、执法过程的规范性和透明度，加强市场主体监督动机，更有力地约束发行人、中介机构、投资者等证券市场各参与主体的行为，提升上市公司质量，使中国资本市场的从严治市具有可持续性，真正从融资市场转向投资市场，从根本上保护中小投资者的利益。

为了统筹公私资源，提高中小投资者的维权能力，在2014年12月，中国证监会设立了中证中小投资者服务中心（以下简称投服中心）。作为新型投资者保护和证券监管组织，投服中心采用市场化的手段，近年来在中小股东维权方面发挥了积极作用。有研究表明，投服中心具有监管职能和市场职能，不存在传统中小投资者的"搭便车"问题，因此其行权有助于提升资本市场定价效率。当投服中心以参加股东大会、重大资产重组媒体说明会和网上问询等方式行权时，以及投服中心行权问题和上市公司回复的信息含量越高时，其行权的作用也越大[①]。但目前投服中心面临着人员配置、专业资源等约束，以及投服中心引导与行政监管趋同等问题，需要加强资源投入和制度深化研究，以满足新形势下更为繁重复杂的投资者权益保护工作的需要。

总之，要切实将党的二十届三中全会有关"完善高水平对外开放体制机制"的精神落到实处，稳步扩大制度型对外开放，主动对接国际高标准经贸规则，打造透明稳定可预期的制度环境，深化外商投资和对外投资管理体制改革，营造市场化、法治化、国际化的一流营商环境，依法保护外商投资权益。只有不断加强政策落实、进一步全面深化改革、有效激发科技创新、稳步推进收入倍增、坚持金融服务实体经济以及果断迅速风险出清，终能扭转偏弱的社会预期，实现中国的国家复利式发展。

① 参见陈克兢、国超、张维：《中小投资者保护制度创新与资本市场定价效率提升——基于投服中心行权的证据》，载《经济学》（季刊）2023年第6期。

第六章

“中国 2035”——智库畅想国家复利式发展

在当今世界经济格局中，中国以其独特的发展道路和强劲的增长势头成为全球瞩目的焦点。复利式发展在中国未来的发展中将扮演至关重要的角色，不仅是实现可持续性的经济增长、社会财富升值、资产保值增值的基础，也是中国实现 2035 年远景目标的关键之一。

中国式现代化道路的探索与实践，提升了国民经济的长期增长预期，为全社会创造了更多的发展机遇和创新潜力。2024 年 7 月，党的二十届三中全会确立了进一步全面深化改革的总目标：“到二〇三五年，全面建成高水平社会主义市场经济体制，中国特色社会主义制度更加完善，基本实现国家治理体系和治理能力现代化，基本实现社会主义现代化，为到本世纪中叶全面建成社会主义现代化强国奠定坚实基础。[①]”随着中国经济体量的不断扩大和结构的不断优化，中国逐步向着高质量发展的目标迈进。这一过程不仅依赖技术创新、产业升级等传统方式，更需要依靠持续性、累积性的复利式发展效应。中国将不断培育和发展新质生产力，提升全要素生产率、推动经济增长质量的全面提升，将继续深化改革、扩大开放，为市场提供更加公平、透明、稳定的营商环境，吸引更多的投资和创新资源进入中国市场，实现“双循环”。同时，通过加强科技创新、加大人力资本投入、优化资源配置等举措，中国会在未来数十年内不断释放经济增长的潜力，为实现 2035 年远景目标奠定坚实基础。

展望未来，随着国家复利式发展特征的不断显现，中国将逐步实现一系列宏伟目标，同时，中国将为全球经济增长贡献中国智慧和中国方案。中国式现代化与国家复利式发展的实现虽然是一个漫长而持久的过程，但

---

① 《中共中央关于进一步全面深化改革 推进中国式现代化的决定》，载中国政府网 2024 年 7 月 21 日，https://www.gov.cn/zhengce/202407/content_6963770.htm。

中国拥有坚实的基础，更有足够的智慧、勇气和信心。

（一）2035 年中国居民可支配收入有望比 2023 年增加一倍

2023 年，中国全国居民人均可支配收入达到 39218 元，比上年增长 6.3%，[①] 这反映了中国经济的稳步增长和人民生活水平的不断提升。保守估计，如果能够维持 6.5% 左右的增速，到 2035 年前后，居民可支配收入有望比 2023 年增加一倍。

国家复利式发展的实现，其目标也包括惠及人民。居民收入的持续增长将直接影响到人民的生活水平和幸福感。随着居民收入的增加，生活品质有望在 2035 年前后实现质的飞跃。人们将拥有更多的消费能力和选择权，不仅将持续促进未来数十年的内需扩大，推动经济持续增长，还将带动相关产业的发展，为就业和经济结构优化提供新的动力。除了居民收入的增长，中国的国家复利式发展将不断推动人民币国际购买力的提升。随着中国经济的不断发展和人民币国际化进程的推进，人民币将在全球范围内发挥更大的作用，中国人民在海外消费、投资和旅游时将拥有更多的便利，这也为中国经济的对外开放和国际合作带来新的机遇。

到 2035 年，中国常住人口城镇化率有望突破 70%，城乡区域发展差距进一步缩小至 40% 以下，城镇化进程的加速将为中国经济带来新的增长点，收入分配制度的改革和完善也会促进居民收入增长的公平性和可持续性。

---

① 参见《2023 年居民收入和消费支出情况》，载国家统计局网站 2024 年 1 月 17 日，https://www.stats.gov.cn/sj/zxfb/202401/t20240116_1946622.html。

（二）中等收入群体占比有望从 1/3 扩大到近 1/2

随着居民可支配收入增速快于 GDP 增速，中等收入群体规模和占比将不断扩大。根据主流定义，中等收入群体的范围一般统计为每天人均消费在 10 美元至 100 美元之间（以 2005 年购买力平价计算）的群体[①]。这一群体的扩大意味着更多的人民达到了相对较高的生活水准，为社会稳定和经济可持续发展提供了坚实基础。到 2035 年，中国的中等收入群体有望从目前的 4 亿人扩大到 7 亿人以上，这一庞大的中等收入群体将成为中国经济的稳定支柱和社会的主要消费力量。

随着国民收入分配结构逐渐趋向橄榄型，即中等收入群体占据主导地位，中国将向着共同富裕的目标加速迈进。中等收入群体的扩大将为中国经济带来多重积极影响：首先，他们将成为市场消费的主力军，推动消费升级和服务业发展；其次，中等收入群体的壮大将促进社会稳定和和谐发展，减少社会贫富差距，增强社会凝聚力和活力。最重要的是，中等收入群体的壮大将为中国经济的可持续增长提供更为坚实的基础，实现经济发展的良性循环。

实现中等收入群体的扩大，还意味着要建立健全更加公平的收入分配制度，完善社会保障体系建设，加速提高教育和技能培训水平，持续推动农村地区和中西部地区的发展等。国家复利式发展将助力中国不断向共同富裕的伟大目标迈进，让每一个中国人都享有美好的生活，实现经济社会的全面发展和长期繁荣。

---

① 参见《持续扩大中等收入群体》，载中华人民共和国国家发展和改革委员会网站，https://www.ndrc.gov.cn/fggz/jyysr/jysrsbxf/202204/t20220427_1323432.html。

（三）2035 年预计平均每个家庭有一辆车，其中近 1/3 是新能源车

预计到 2035 年，新能源汽车将成为产销主流。中国新能源车国内市场占有率有望将从 25% 左右提升到 50% 以上，届时保有量将超过 1.6 亿辆[①]，平均每三个家庭就有一家拥有新能源汽车，其中纯电动汽车占 1 亿辆左右。中国将稳居全球第一大汽车出口国地位，占全球新能源车出口量的比重从 2022 年的 35% 预计提升至超过 50%。

中国新能源汽车行业的快速发展也从侧面展现了中国在环保产业领域的领先地位，通过政策引导和市场激励，新能源汽车的普及和推广将进一步加快。随着技术的不断进步和成本的不断降低，新能源汽车已经成为越来越多消费者的首选。中国新能源汽车产业的快速崛起也将带动中国汽车产业的整体升级和转型，不仅将为中国汽车产业带来更多发展机遇，也将为全球减排和环保事业作出更大贡献。

未来，中国还会继续加大对新能源汽车产业的支持力度，加快充电设施建设，推动新能源汽车技术的创新和成本的降低，进一步激发消费者的购买热情。同时，新能源汽车作为外贸出口“新三样”也会引领汽车生产企业加强自主研发和技术创新，提升产品质量和出口竞争力，积极参与国际规则和标准制定，促进形成开放、透明、包容的新能源汽车国际化市场环境[②]。

---

① 参见《专家预计 2035 年中国新能源车保有量超 1.6 亿辆 纯电动逾九成》，载中国新闻网 2020 年 9 月 29 日，https://baijiahao.baidu.com/s?id=1679176044034023658&wfr=spider&for=pc。

② 参见《国务院办公厅关于印发新能源汽车产业发展规划（2021—2035 年）的通知》，载中国政府网，https://www.gov.cn/zhengce/content/2020-11/02/content_5556716.htm。

（四）中国将成为维持国际和平与引领国际稳定秩序的重要力量

过去几十年来，中国以其稳健的战略定力和积极的外交政策，始终致力于维护国际和平与安全，同时促进全球政治经济的和平发展。未来，中国将继续释放和平大国的魅力，成为推动国际安全的重要力量。

在全球安全倡议等理念的指引下，中国已经成为国际社会重要的安全合作伙伴。中国积极参与联合国维和行动、打击恐怖主义、打击跨国犯罪等国际安全事务，在维护国际和地区安全稳定方面发挥着重要作用。中国不仅在国际舞台上主张和平解决争端、反对单边主义和霸权主义，还在全球层面推动构建以合作共赢为核心的国际关系新秩序，为构建人类命运共同体作出了积极努力。

中国的外交政策不仅关注国际层面的安全与稳定，也重视与地区和国家间的友好合作关系。中国主张通过对话协商解决地区热点问题，倡导建立相互尊重、平等相待的新型国际关系，努力实现地区和平、发展、繁荣，远离区域纷争与冲突的漩涡中心。中国提出的“一带一路”倡议正是为促进国际合作与发展，推动构建人类命运共同体的重要举措之一。

中国始终秉持和平发展与互利共赢的理念，为维护国际和地区的和平稳定作出了重要贡献。中国的崛起不仅给国内带来了相对安全、稳定的社会经济环境，也为世界各国和地区提供了共同发展的机遇与空间。

（五）居民参与国际交流程度显著提升

到 2035 年，预计出国旅行成本将进一步下降。在中国，护照持有者数量已经达到约1.4亿人，而中国人口规模庞大，这意味着有巨大的出境旅游潜力待挖掘。

随着中国对外开放的步伐不断加快，以及全球各国对中国的认可度和认同感持续增强，未来国际交流和出境旅游的情况将发生巨大变化。2035年，更多国家将向中国开放签证政策，居民参与国际交流的程度将显著提升，中国与其他国家互免签证、单方面免签以及落地签的范围有望进一步扩大，1/3的人有机会实现出境旅游。

这一变化将为中国居民带来更广阔的国际视野和文化体验。随着越来越多的中国人踏上国际舞台，他们将能够更好地了解世界各地的文化、历史和风土人情。这将加深不同国家之间的人文交流和理解，有助于建立更加和谐、包容的国际社会。同时，对外开放也将为中国带来巨大的经济机遇。随着更多中国人出境旅游，国际旅游市场的需求将进一步扩大，将为中国的旅游业、酒店业、餐饮业等相关产业带来巨大的发展机遇。中国的文化输出也将得到进一步加强，将不断提升中国在国际舞台上的软实力和影响力。

（六）中国有望在2035年成为年减排量最高的国家

2030年前，中国将继续扎实推进碳达峰行动，这一目标的提早实现将成为全球环保事业的里程碑。2024年7月，党的二十届三中全会通过的《中共中央关于进一步全面深化改革 推进中国式现代化的决定》提出，“必须完善生态文明制度体系，协同推进降碳、减污、扩绿、增长，积极应对气候变化，加快完善落实绿水青山就是金山银山理念的体制机制”。并指出要“积极稳妥推进碳达峰碳中和”[①]。随着碳达峰的实现，中国的碳排放量将稳中有降，为未来的低碳经济发展奠定坚实基础。未来十年，中国将继续加大对产业绿色转型的布局力度，随着技术的不断创新和政策的进一步落实，碳达峰后的中国将迎来更大的发展空间和潜力，在技术效应和政策推动的双重作用下，中国在 2035 年有望成为全球碳减排量最高的国家。

估计到 2035 年，中国非化石能源消费比重将超过 30%，这标志着中国在能源结构转型方面取得了巨大的成就，将显著减少对传统化石能源的依赖，还将促进可再生能源等清洁能源的发展和利用。从实现碳达峰到 2060 年之前，中国将在实现碳中和之前每年实现碳减排超过 4 亿吨，这一数字相当于 2023 年英国、法国或澳大利亚等一些发达国家一整年的排放量。中国在碳减排方面的努力将为全球应对气候变化提供重要的借鉴和启示，还将为全球环境治理作出积极贡献，与其他国家共同推动全球的绿色低碳发展，实现联合国 21 世纪可持续发展目标。

（七）世界 500 强企业中国入围数量有望超过 200 家

2019 年，中国入围世界 500 强企业数量首次超越美国。2023 年，《财富》世界 500 强排行榜显示，当年上榜的中国企业（含中国台湾地区企业）数量达 142 家，超过美国（136 家）[②]。未来入围数量将继续保持增长，同时随着能源转型与电力消费需求的增长，国家电网可能跻身世界 500 强企业的前两位，甚至第一位。在培育新质生产力的过程中，大量战略性新兴产

---

① 《中共中央关于进一步全面深化改革 推进中国式现代化的决定》，载中国政府网 2024 年 7 月 21 日，https://www.gov.cn/zhengce/202407/content_6963770.htm。

② 参见《世界 500 强中国企业数量领先专家：要在全球产业链重构中提升竞争力》，载人民网 2023 年 8 月 4 日，http://finance.people.com.cn/n1/2023/0804/c1004-40050514.html。

业、先进制造业企业与500强企业之间的差距将不断缩小，海外跨国公司、外商独资公司等企业的就业吸引力将减弱，就业市场会越来越看好中国的优质企业。

（八）“一带一路”倡议取得突破性成就，有望成为全球第一大合作倡议

“一带一路”倡议在未来二十年仍将是深受欢迎的国际公共产品和国际合作平台，并将取得突破性的成就。2033年将迎来“一带一路”倡议提出20周年，这一倡议将彰显其在全球共同繁荣道路上的重要性，成为惠及所有共建国家的合作倡议。

当前，“一带一路”倡议已经发展成为全球最具影响力的国际合作平台之一，预计2035年在覆盖国家数量、人口规模和经济规模等方面都会位居全球首位。依托“一带一路”倡议，越来越多的国家和地区将加入合作与共建的行列，共同构建高水平的立体互联互通网络，为全球合作与发展注入新的动力和活力。

“一带一路”倡议将继续推动小而美的项目，打造更多的民心工程。通过在基础设施建设、经济、人文交流等方面的深入合作，这一倡议将为共建国家和地区带来实实在在的发展机遇，让中国的海外国家形象投资取得重大进展，提升中国在国际社会中的地位和影响力。总体而言，“一带一路”倡议在未来二十年将继续发挥重要作用，为全球经济增长和发展作出突出贡献。

参考文献

中文文献：

[1] 习近平：《论把握新发展阶段、贯彻新发展理念、构建新发展格局》，中央文献出版社 2021 年版。

[2][英] 安格斯·麦迪森：《世界经济千年史》，伍晓鹰等译，北京大学出版社 2022 年版。

[3][美] 保罗·克鲁格曼：《地理与贸易》，刘国晖译，中国人民大学出版社 2017 年版。

[4][美]加里·贝克尔：《人力资本理论：关于教育的理论和实证分析》，郭虹译，中信出版集团 2007 年版。

[5][英]大卫·李嘉图：《政治经济学及赋税原理》，郭大力、王亚南译，商务印书馆 2021 年版。

[6][美] 道格拉斯·C. 诺思：《制度、制度变迁与经济绩效》，杭行译、韦森审译，格致出版社 2016 年版。

[7][德] 恩格斯：《家庭、私有制和国家的起源》，中共中央马克思恩格斯列宁斯大林著作编译局译，人民出版社 2018 年版。

[8]黄晓春、周黎安:《政府治理机制转型与社会组织发展》,载《中国社会科学》2017年第11期。

[9]霍存福:《论中国古代契约与国家法的关系——以唐代法律与借贷契约的关系为中心》,载《当代法学》2005年第1期。

[10][美]拉尔夫·戈莫里、威廉·鲍莫尔:《全球贸易和国家利益冲突》,文爽、乔羽译,中信出版集团2018年版。

[11]刘晓梅等:《党的十八大以来我国社会保障事业的成就与经验》,载《管理世界》2022年第7期。

[12]刘晓光、刘元春、闫衍:《迈向双循环新发展格局的中国宏观经济——2020—2021年中国宏观经济报告》,载《经济理论与经济管理》2021年第1期。

[13][英]罗宾·邓巴:《人类的算法》,胡正飞译,四川人民出版社2019年版。

[14][英]罗伯特·C.艾伦:《全球经济史》,陆赟译,译林出版社2015年版。

[15]陶然等:《经济增长能够带来晋升吗?——对晋升锦标竞赛理论的逻辑挑战与省级实证重估》,载《管理世界》2010年第12期。

[16]王金营、刘艳华:《经济发展中的人口回旋空间:存在性和理论架构——基于人口负增长背景下对经济增长理论的反思和借鉴》,载《人口研究》2020年第1期。

[17]王立勇、林永亮:《"一带一路"十年建设成效与发展前景》,载《当代世界》2023年第9期。

[18]王文、蔡彤娟:《建设金融强国:概念、定位与政策落点》,载

《金融经济学研究》2024 年第 1 期。

[19] 王文等:《大金融时代 走向金融强国之路》，人民出版社 2019 年版。

[20] 王文、刘锦涛:《绿色金融 : 金融强国的新动能》，中国金融出版社 2023 年版。

[21] 王文:《传染病与大国兴衰——基于历史实例的研究》，载《政治学研究》2021 年第 2 期。

[22] 王文:《金融强国理论及其目标解析》，载《中国金融》2023 年第 24 期。

[23] [美] 威廉·N. 戈兹曼、K. 哥特·罗文霍斯特:《价值起源》(增订版)，王宇、王文玉译，万卷出版公司 2010 年版。

[24] [美] 威廉·戈兹曼:《千年金融史》，张亚光、熊金武译，中信出版集团 2017 年版。

[25] 文一:《伟大的中国工业革命“发展政治经济学”一般原理批判纲要》，清华大学出版社 2016 年版。

[26] 颜海:《政府信息公开理论与实践》，武汉大学出版社 2008 年版。

[27] 姚遂:《中国金融史》，高等教育出版社 2015 年版。

[28] [英] 伊恩·戈尔丁:《发展》，史正永、赵后振译，译林出版社 2022 年版。

[29] [美] 约翰·霍兰:《涌现：从混沌到有序》，陈禹等译，上海科学技术出版社 2006 年版。

[30] 张宇、蒋殿春:《数字经济下的国际贸易：理论反思与展望》，载《天津社会科学》2021 年第 3 期。

［31］中国建设银行研究院 中国人民大学重阳金融研究院课题组：《百年变局下中国金融发展的机遇和挑战》，中国金融出版社 2023 年版。

外文文献：

［1］Armen A. Alchian, *Uncertainty, Evolution and Economic Theory*, 58 Journal of Political Economy 211(1950).

［2］Kenneth J. Arrow, *The Economic Implications of Learning-by-Doing*, 29 Review of Economic Studies 155(1962).

［3］E. Domar, *Capital expansion, rate of growth, and employment*, 14 Econometrica 137(1946).

［4］K. Handley, & N. Limao, *Policy Uncertainty, Trade, and Welfare: Theory and Evidence for China and the United States*, 107 American Economic Review 2731(2017).

［5］Harrod R F . *An Essay in Dynamic Theory (1938 Draft)*, 28 History of Political Economy 253(1996).

［6］John H. Holland, *Emergence: From Chaos to Order*, Oxford University Press, 2000.

［7］J. P. Horsley, *The Rule of Law in China: Incremental Progress*, 5 The China Balance Sheet 93(2007).

［8］J. Laitner, *Structural Change and Economic Growth*, 67 Review of Economic Studies 545(2000).

［9］P. F. Landry, X. Lü & H. Duan, *Does Performance Matter? Evaluating Political Selection Along the Chinese Administrative Ladd*er, 51

Comparative Political Studies 1074(2018).

[10] K. MUROI, *The oldest example of compound interest in Sumer: Seventh power of four-thirds*, NASA/ADS(Apr.16,2024), https://arxiv.org/ftp/arxiv/papers/1510/1510.00330.pdf.

[11] D. Rodrik, *The Globalization Paradox:Democracy and the Future of the World Economy*, W.W. Norton(2011).

[12] J. A. Schumpeter, *Capitalism and the Process of Creative Destruction*, Monopoly Power and Economic Performance 19(1942).

[13] R. M. Solow, *A contribution to the theory of economic growth*, 70 The Quarterly Journal of Economics 65(1956).

[14] Charles M. Tiebout, *A Pure Theory of Local Expenditures*, 64 Journal of Political Economy, 416(1956).

[15] B. R. Weingast, *The Economic Role of Political Institutions: Market-Preserving Federalism and Economic Development*, 11 The Journal of Law, Economics & Organization 1(1995).

[16] M. Wheatley & D. Frieze, *Using Emergence to Take Social Innovation to Scale*, 9 The Berkana Institute 147(2006).

[17] Xiaoying Li, *Foreign Direct Investment and Economic Growth: An Increasingly Endogenous Relationship*, 33 World Development 393(2005).

后　记

2023年以来，中国经济进入疫情防控平稳转段后的恢复期，中国经济呈现波浪式发展，曲折式前进的特点。历史经验表明，国家崛起是一个漫长的过程，尤其是对于中国这样的大国来说，它绝没有像欧美通过殖民扩张来获得原始的生产资料和一些资本的积累，中国的崛起是靠14亿多中国人民在国际经济贸易秩序体系下辛苦奋斗出来的。在这个过程中，中国没有经验可以照搬，没有方法可以借鉴，也难以避免地会遭遇了一些挫折，遇到些许逆流，这是客观事实，更是历史规律。不过，也正是因为中国的崛起是靠中国人民辛苦奋斗出来的，是一个内生因素起主导作用的发展路径，中国的发展和崛起才更加具有稳定性、可持续性和增长性。虽然在当下的经济转型阵痛期，中国在一些领域的发展步伐有所放缓，但是我们应对中国经济的发展充满信心，中国是一个大国，内生动力远大于外部影响，只要中国保持自身内核发展的稳定，坚定围绕“两个一百年”奋斗目标不断前行，一切外来的艰难险阻终将被逾越，并将成为国家崛起与进一步发展的奠基石。

中国经济具有巨大的发展韧性和潜力，中国经济长期向好的基本面也没有改变。新中国成立以来，中国经济规模从新中国成立初期的不足千亿元，发展成为如今超百万亿元规模的世界第二大经济体，中国的综合国力在如此短的时间内实现历史性跨越，被众多国际权威机构称为人类发展史上的奇迹。在一定程度上，我们已经完成站起来、富起来的历史任务，接下来要向真正富起来、强起来转变。党的二十大报告提出中国式现代化目标与规划，为中国未来发展提供了方法论和行动指南。如今，中国经济已经基本完成生产要素的大规模初始积累，正在大踏步进入全要素生产率提高的高质量发展新阶段。高质量发展是全面建设社会主义现代化国家的首要任务，也是中国强国建设的必由之路。中国式现代化为中国高质量发展提供路径保障，也将为中国的国家复利式发展不断筑牢坚实基础。

基于此，本书希望反驳部分人士对中国经济的唱衰论调，提振世界与国民对中国经济发展的信心，提升人们对未来发展的预期，从学术研究角度为中国经济的高质量发展略尽绵薄之力。

本书写作由中国人民大学重阳金融研究院（简称“人大重阳”）团队完成。人大重阳院长王文作为执行负责人策划编写工作。第一章由人大重阳徐天启撰写，第二章由人大重阳蔡彤娟与申宇婧共同撰写，第三章由人大重阳刘英、鲁东红、马勇、龙臣共同撰写，第四章由人大重阳鲁东红、马勇、龙臣、刘锦涛共同撰写，第五章由人大重阳李珊珊撰写，第六章由人大重阳刘锦涛撰写。本书从筹备到完成，历经大半年时间，从内部多次反复讨论到形成《大国复利：中国高质量发展与 2035 年趋势畅想》研究报告，并举办《大国复利：中国高贸易发展与 2035 年趋势畅想》五国合作智库报告发布暨国际研讨会，再到开展内部专家评审会，听取多位专家对于书稿的写作意见，并最终完成整个书稿的写作。在此期间，我们得到了诸多专家的鼎力支持与倾囊相助，我们希望借此机会向大家表示衷心的感谢。另外，我们要特别感谢中国人民大学党委书记张东刚教授对本书的统领，亲自担任主编，并多次给予思想脉络、提纲逻辑与诸多细节的指导，还要对中国财政部原副部长朱光耀，美国布鲁金斯学会高级研究员唐睿思，清华大学中国经济思想与实践研究院院长李稻葵，俄罗斯自由经济协会副主席、俄罗斯科学院院士、俄罗斯总统普京原经济顾问谢尔盖·格拉济耶夫等专家表示感谢。

中国宏观经济金融研究是人大重阳研究关注的重要方向之一。近两年我们先后发布了多本在国内外具有较高影响力的宏观形势、宏观经济系列报告，包括《“小修小补”刺激不够，“大开大合”改革才行——2023 年夏季以来经济政策回顾及建议》《Y 型路口上的世界》《坚持以发展为先——两个大局下我国经济发展理念定位》等，出版多本相关著作，包括金融强国系列丛书、金融大变局系列丛书等。

回到本书的主题，国家复利式发展是一个持续性、渐进性的过程。随着时代的发展，国家复利式发展的特征也将发生深刻变化。持续实现中国的国家复利式发展更加需要我们一代又一代的人扎根其中，对其发展经验、发展道路、发展模式进行深入的总结。本书对于国家复利式发展的概念、原理、特征，以及以中国为案例所取得的成绩、经验与未来发展路径的阐释，这仅仅是为公众讨论开了一个头，也更多的是阶段性总结与抛砖引玉，尚没有完全参透其中内涵，有待后续继续补充完善并加以更加深入细致的研究。在本书的出版过程中，我们也感谢当代中国出版社为此付出努力的各位编辑，以及提出宝贵意见的各位专家学者们！书中不足之处还请读者批评指正！

中国人民大学重阳金融研究院　王文

2024 年 8 月

中国人民大学重阳金融研究院图书出版系列

一、智库新锐作品系列

[1] 王文、贾晋京、刘玉书、王鹏：《百年版变局》，北京师范大学出版社 2020 年版

[2] 王文、刘玉书：《数字中国：《区块链、智能革命与国家治理的未来》，中信出版集团 2020 年版

二、智库作品系列

[1] 王文：《思想坦克》，商务印书馆 2023 年版

[2] 张东刚主编：《大道同行》，外文出版社 2023 年版

[3] 王文、刘锦涛：《绿色金融：《金融强国的新动能》，中国金融出版社 2023 年版

[4] 中国建设银行研究院、中国人民大学重阳金融研究院课题组：《百年版变局下中国金融发展的机遇和挑战》，中国金融出版社 2023 年版

[5] 中国建设银行研究院、中国人民大学重阳金融研究院课题组：《国有大行品牌价值提升的战略》，中国金融出版社 2023 年版

[6] 中国建设银行研究院、中国人民大学重阳金融研究院课题组：《数

据要素赋能商业银行变革》，中国金融出版社 2023 年版

［7］中国建设银行研究院、中国人民大学重阳金融研究院课题组：《国际金融法律环境与我国商业银行发展》，中国金融出版社 2023 年版 8 月

［8］张东刚主编：《“一带一路”十年版答卷（8 本 9 大语种）》，外文出版社 2023 年版

［9］［俄罗斯］谢尔盖·博德鲁诺夫：《智慧型经济》，中国金融出版社 2023 年版

［10］王轶主编：《世界眼中的全球发展倡议》，外文出版社 2022 年版

［11］中国人民大学重阳金融研究院编：《碳中和九问》，中国财政经济出版社 2022 年版

［12］王文、刘锦涛、赵越碳：《中和与中国未来》，北京师范大学出版社 2022 年版

［13］王文、赵文阁、刘英主编：《中国经贸新形势与地方发展》，人民出版社 2022 年版

［14］舒泰峰：《财富是认知的变现》，中国纺织出版社 2021 年版

［15］石俊志：《称量货币时代》，中国金融出版社 2021 年版

［16］中国人民大学重阳金融研究院编：《中国金融软实力：《金融强国新支撑》，人民出版社 2021 年版

［17］翟永平王文主编：《迈向绿色发展之路》，人民出版社 2021 年版

［18］中国金融学会绿色金融委员会主编：《绿色金融的机遇与展望：《名家解读中国绿色发展》，中国金融出版社 2021 年版

［19］达尼洛·图尔克：《转型的世界：《对国际体系、中国及全球发展的思考》，外文出版社 2020 年版

［20］刘元春主编：《战疫——让世界更了解中国（中、英文版）》，外文出版社 2020 年版

［21］石俊志：《世界古国货币漫谈》，经济管理出版社 2020 年版

［22］王文：《看好中国（罗马尼亚文）》，Integral 出版社 2020 年版

［23］王文、贾晋京、刘英等：《负利率陷阱：西方金融强国之鉴》，中国金融出版社 2020 年版

［24］吴晓求等：《探讨中国发展之路——吴晓求对话九位国际顶级专家》，中国经济出版社 2020 年版

［25］庄毓敏主编：《成就、思考、展望——名家解读新中国 70 年版辉煌成就》，中国经济出版社 2020 年版

［26］王文、周洛华等：《货币主权：金融强国之基石》，中国金融出版社 2020 年版

［27］王文、［俄］谢尔盖·格拉济耶夫主编：《开启亚欧新时代：中俄智库联合研究两国共同复兴的新增量》，人民出版社 2019 年版

［28］王文、贾晋京、卞永祖等：《大金融时代——走向金融强国之路》，人民出版社 2019 年版

［29］吴晓求主编：《中国改革开放 40 年版与中国金融学科发展》，中国经济出版社 2019 年版

［30］王文：《看好中国（繁体中文）》，开明出版社（台北）2019 年版

［31］格拉济耶夫：《最后一场世界大战 美国挑起与输掉的战争》，世界知识出版社 2019 年版

［32］中国人民大学重阳金融研究院主编：《强国与富民》，中国人民大学出版社 2019 年版

［33］王文:《强国长征路：百国调研归来看中华复兴与世界未来》，中共中央党校出版社 2019 年版

［34］刘伟主编:《“一带一路”这五年版的故事（7 本 6 大语种）》，外文出版社 2019 年版

［35］周洛华:《货币起源》，上海财经大学出版社 2019 年版

［36］王文:《伊朗:《反妖魔化（中英波斯三语）》，伊朗纳尔出版社 2019 年版

［37］罗思义:《别误读中国经济》，天津人民出版社 2019 年版

［38］王文:《看好中国（英文版）》，英国莱斯出版社 2018 年版

［39］刘伟主编:《中国改革大趋势》，人民出版社 2018 年版

［40］王文主编:《到人大重阳听名教授讲座 (第一辑)》，中国金融出版社 2018 年版

［41］程诚:《造血金融与一带一路：中非发展合作新模式》，中国人民大学出版社 2018 年版

［42］王利明主编:《新丝路、新格局——全球治理变革的中国智慧》，新世界出版社 2018 年版

［43］陈晨晨:《富豪政治的悖论与悲喜》，世界知识出版社 2018 年版

［44］郭业洲主编:《“一带一路”民心相通》，人民出版社 2018 年版

［45］王文:《看好中国：一位智库学者的全球演讲》，人民出版社 2017 年版

［46］何亚非:《风云激荡的世界》，人民出版社 2017 年版

［47］刘伟主编:《读懂“一带一路”蓝图》，商务印书馆 2017 年版

［48］王文、刘英:《金砖国家：新全球化发动机》，新世界出版社 2017

年版

［49］费伊楠、人大重阳：《全球治理新格局——G20 的中国贡献于未来展望》，新世界出版社 2017 年版

［50］刘伟主编：《“一带一路”故事系列丛书（7 本 6 大语种）》，外文出版社 2017 年版

［51］何伟文：《世界新平庸 中国新思虑》，科学出版社 2017 年版

［52］王义桅：《一带一路：中国崛起的天下担当》，人民出版社 2017 年版

［53］刘戈：《在危机中崛起：美国如何实现经济转型》，中信出版集团 2017 年版

［54］中国人民大学重阳金融研究院、中国人民大学生态金融研究中心：《绿色金融与“一带一路”》，中国金融出版社 2017 年版

［55］中国人民大学重阳金融研究院：《破解中国经济十大难题》，人民出版社 2017 年版

［56］王文：《伐谋：《中国智库影响世界之道》，人民出版社 2016 年版

［57］王文、贾晋京编：《人民币为什么行》，中信出版集团 2016 年版 11 月

［58］中国人民大学重阳金融研究院：《中国—G20（大型画册）》，五洲传播出版社 2016 年版

［59］中国人民大学重阳金融研究院：《G20 问与答》，五洲传播出版社 2016 年版

［60］全球治理的中国方案辛本健 编机械工业出版社 2016 年版

［61］中国人民大学重阳金融研究院：《“一带一路”国际贸易支点城市

研究（英文版）》，新世界出版社 2016 年版

［62］中国人民大学重阳金融研究院：《2016：G20 与中国（英文版）》，新世界出版社 2016 年版

［63］王义桅：《世界是通的——“一带一路”的逻辑》，商务印书馆 2016 年版

［64］罗思义：《一盘大棋——中国新命运的解析》，江苏凤凰文艺出版社 2016 年版

［65］王文：《美国的焦虑：一位智库学者调研美国手记》，人民出版社 2016 年版

［66］中国人民大学重阳金融研究院：《2016：G20 与中国》，中信出版集团 2016 年版

［67］中国人民大学重阳金融研究院主编：《“一带一路”国际贸易新格局：“一带一路”智库研究蓝皮书 2015-2016》，中信出版集团 2016 年版

［68］中国人民大学重阳金融研究院主编：《G20 与全球治理：《G20 智库蓝皮书 2015-2016》，中信出版集团 2015 年版

［69］中国人民大学重阳金融研究院：《“一带一路”国际贸易支点城市研究》，中信出版集团 2015 年版

［70］黑尔佳·策普 - 拉鲁什、威廉·琼斯主编：《从丝绸之路到欧亚大陆桥》，江苏人民出版社 2015 年版

［71］王永昌主笔 & 主编：《财富新时代——如何激活百姓的钱》，中国经济出版社 2015 年版

［72］陈雨露主编：《生态金融的发展与未来》，人民出版社 2015 年版

［73］绿色金融工作小组：《构建中国绿色金融体系》，中国金融出版社

2015 年版

［74］王义桅：《“一带一路”机遇与挑战》，人民出版社 2015 年版

［75］庞中英：《重塑全球治理——关于全球治理的理论与实践》，中国经济出版社 2015 年版

［76］徐以升：《金融制裁——美国新型全球不对称权力》，中国经济出版社 2015 年版

［77］陈雨露主编：《大金融与综合增长的世界——G20 智库蓝皮书 2014-2015 中国经济出版社 2014 年版

［78］中国人民大学重阳金融研究院主编：《欧亚时代——丝绸之路经济带研究蓝皮书 2014-2015》，中国经济出版社 2014 年版

［79］中国人民大学重阳金融研究院主编：《重新发现中国优势》，中国经济出版社 2014 年版

［80］中国人民大学重阳金融研究院主编：《谁来治理新世界——关于 G20 的现状与未来》，社会科学文献出版社 2014 年版

三、学术作品系列

［1］张东刚主编：《中国绿色金融发展报告 2023》，中国金融出版社 2023 年版

［2］马中、周月秋、王文主编：《中国绿色金融发展报告 2022》，中国金融出版社 2023 年版

［3］马中、周月秋、王文主编：《中国绿色金融发展报告 2021》，中国金融出版社 2022 年版

［4］马中、周月秋、王文主编：《中国绿色金融发展报告 2020》，中国

金融出版社 2021 年版

［5］刘庭竹：《经济政策不确定性与微观企业行为研究》，中国人民大学出版社 2020 年版

［6］刘伟主编 王文 执行主编：《“一带一路”大百科》，崇文书局 2019 年版

［7］马中、周月秋、王文主编：《中国绿色金融发展报告 2019》，中国金融出版社 2019 年版

［8］吕冰洋：《轻与重：中国税收负担全景透视》，中国金融出版社 2019 年版

［9］马中、周月秋、王文主编：《中国绿色金融发展报告 2018》，中国金融出版社 2018 年版

［10］吴晓求主编：《全球视野下的金融学科发展》，中国金融出版社 2018 年版

［11］王文、翟永平主编：《“一带一路”投资绿色标尺》，人民出版社 2018 年版

［12］王文、翟永平主编：《“一带一路”投资绿色成本与收益核算》，人民出版社 2018 年版

［13］马中、周月秋、王文主编：《中国绿色金融发展报告 2017》，中国金融出版社 2018 年版

［14］刘志洋、宋玉颖：《互联网金融风险与监管研究》，中国金融出版社 2017 年版

［15］郑志刚：《从万科到阿里——分散股权时代的公司治理》，北京大学出版社 2017 年版

［16］中国人民大学重阳金融研究院:《金融杠杆与宏观经济：全球经验及对中国的启示》，中国金融出版社 2017 年版

［17］马勇:《DSGE 宏观金融建模及政策模拟分析》，中国金融出版社 2017 年版

［18］朱澄:《金融杠杆水平的适度性研究》，中国金融出版社 2016 年版

［19］马勇:《金融监管与宏观审慎》，中国金融出版社 2016 年版

［20］庄毓敏、陆华强、黄隽主编:《中国艺术品金融 2015 年版度研究报告》，中国金融出版社 2016 年版

四、金融下午茶系列

［1］董希淼:《《有趣的金融》，中信出版集团 2016 年版

［2］刘志勤:《《插嘴集》，九州出版社 2016 年版

［3］刘志勤:《多嘴集》，九州出版社 2014 年版

［4］中国人民大学重阳金融研究院主编:《金融是杯下午茶》，东方出版社 2014 年版